Johann-Ferdinand Gaum

Es leben die Prälaten

Beobachtungen auf einer kleinen Reise in verschiedenen Prälaturen in Bayern und Schwaben

Johann-Ferdinand Gaum

Es leben die Prälaten
Beobachtungen auf einer kleinen Reise in verschiedenen Prälaturen in Bayern und Schwaben

ISBN/EAN: 9783743622227

Hergestellt in Europa, USA, Kanada, Australien, Japan

Cover: Foto ©Andreas Hilbeck / pixelio.de

Weitere Bücher finden Sie auf **www.hansebooks.com**

Es leben die Prälaten!

Beobachtungen
auf einer kleinen Reise
in verschiedenen
Prälaturen
in
Bayern und Schwaben.

In Briefen
von
einem Meklenburgischen Officier an seinen
Freund in Westphalen.

Gedrukt im Jahr 1783.

Denen

Hochwürdigen Herrn

Prälaten und Aebbten

der

Gotteshäuser

zu ꝛc. ꝛc. ꝛc.

Hochwürdige Herrn!

Der seltenen und grosmüthigen Gastfreyheit, die Euer Hochwürden und Gnaden in Ihren Klöstern ausüben — ohne Ruksicht auf Religion und Vaterland — mögen Sie selbst Schuld geben, daß diese Briefe an das Licht treten. Sie kommen von einem Reisenden, der sich in Ihren Gotteshäusern

um-

umgesehen, und seine Beobachtungen einem Freunde mitgetheilt hat. Sie werden sich selbst hie und da nach dem Leben geschildert antreffen— Rühmliches und unrühmliches— Lob und Tadel, wie es die Wahrheit erforderte, die sich der Verfasser dieser Briefe zum einzigen Gesez gemacht hat. Erklären Sie ihn für keinen Spionen. Er erfuhr, was er wissen wollte, ohne Mühe; und es ist einer der rühmlichsten Züge in Ihrem Charakter, daß Sie und diejenige, unter denen Sie wandeln, keine Larve vornehmen, und anders scheinen wollen, als Sie sind. Er ist auch kein Undankbarer. Finden Sie ihn bisweilen mißmuthig, wenn er auf Dinge stieß, die er anders erwartet hätte,

so

so erinnern Sie sich, daß er durch aufrichtige Lobsprüche alles wieder gut gemacht hat. Doch Eins wollte ich noch mit Beybehaltung der Ihnen gebührenden Ehrfurcht rathen. Lassen Sie sich, wenn Sie sich in diesem Spiegel beschauen, das, was Sie etwa unangenehmes antreffen, zur Warnung auf die Zukunft dienen. Sie wissen ja, was gegenwärtig für eine Klöstern und Gotteshäusern bedrohliche Luft wehet. Sehen Sie zu, daß Sie nicht auch davon ergriffen werden. Liebe zur Litteratur, Beförderung derselben, und ein Lebenswandel, wie er Personen Ihres Standes geziemet, möchte nichts schaden. - Es wäre mir selbst leid, wenn Sie nicht auf Ihrer Hut wä-

wären. Ich mache etwa nach 2. Jahren wieder eine Reise nach Schwaben und Bayern: wie sollte michs jammern, wenn ich diese irrdische Paradiese nicht mehr anträfe! Ich bin

S. den 31. Okt. 1782.

Euer Hochwürden

gründlicher und dankbarer
Verehrer,
P. R. v. ***

Vorbericht.

Meinem Arzt, einem Mann, ganz in dem Geschmak Tissots und Zimmermanns, der, an statt ewiger Rezepte eine Luftveränderung von mir verlangte, und drohte, die Hand ganz von mir abzuziehen, wenn ich ihm nicht folgen würde — wahrhaftig ein uneigennüziger Aeskulap, dem es mehr mit Gesunden, als mit Kranken gedient ist, — haben Sie, liebe Leser, diese Briefe zu danken. Ja Dank ihm! Nun bin ich wie neugeboren. So bald sich die Milzsucht wieder bey mir anmelden will, geschwind in die Postchaise gesessen und Klöstern zugefahren: das sind die wahre antihypochondrische Sejours. In meinem Leben

will

Vorbericht.

will ich die vergnügte Stunden nicht vergessen, die ich mir da ein paar Monathe gemacht habe. Warum aber aus Meklenburg gerade nach Bayern und Schwaben, und in Gotteshäuser? Ich will es Ihnen redlich sagen. Ich wollte mit eigenen Augen sehen, und mich persönlich unterrichten, ob es wahr sey, was die Fama von diesen Oertern alles zu sagen weiß. Nein, es ist nicht alles so, wie man sagt. Trauen Sie mir: ich stehe Ihnen für die Wahrheit meiner Bemerkungen. Würklich bin ich im Begriff, noch mehrere Klöster zu bereisen. Der Höfe bin ich satt. Vielleicht lesen Sie im zweyten Bändgen, was ich merkwürdiges da angetroffen habe. Mag es einen Officier kleiden, wie es will, diesen Oertern der Andacht nachzulaufen: das bekümmert mich nicht. Leben Sie wohl.

I. Brief.

Reise des Pabsts nach Wien. 30 kr.
Neue Mönchsbriefe, 4 Theile. 2 fl. 15 kr.
Biographie eines Mönchen, oder Begebenheiten des
 P Hyacinth. 1 fl.
Das Ende des Cölibats der römisch-katholischen Geistlichkeit an dem Ende des achtzehnten Jahrhunderts. 36 kr.
Ganganelli und Luther ein Briefwechsel aus Elysium
 über die gegenwärtige Bewegungen in der römischen
 Kirche, 8. 1782. 36 kr.
Magazin für Mönche und Nonnen, 1tes und 2tes Stük,
 8. 1782. 40 kr.
Kleiner Staats-Religions-und Reformations-Katechismus fürs Jahr 1782. und wann es seyn muß vor alle
 Zeiten, 8. 1782. 10 kr.
Die Heimreise des Pabst Pius des VI. von Wien nach
 Rom, 8. 1782. 15 kr.
Sendschreiben an einen Freund über die Anrede des
 Herrn Rektor Mertens in Augspurg an Pius VI.
 welche er knieend gehalten, 8. 1782. 8 kr.
Die Aufhebung der Klausur eine wahre Wohlthat für
 den Staat und kein Schade, 8. 1782. 24 kr.
Der Pabst, Kardinäle, Bischöffe, Pfarrer, sind sie das
 nicht, für was man sie bisher gehalten hat? 1782. 10 kr.
Einem jedem das Seinige! oder Gedanken über die
 Pfingst-Predigt des Herrn Merzen in Augspurg, wer
 das Oberhaupt der Kirche sey, Kaiser oder Pabst?
 8. 1782. 10 kr.
Wie geht es dann eigentlich in den Klöstern der Bettelmönche zu? 1783. 1 fl.
Das Grab der Bettelmönche, 8. 1782. 30 kr.
Nicht mehr und nicht weniger als XII. Apostel, 8.
 36 kr.
Ueber die Rechte des Staats den ehelosen Stand der
 Weltgeistlichen betreffend, 8. 1783. 10 kr.
Ja der Kaiser hat Recht: oder vertraute Briefe über
 die Aufhebung der Klöster, 8. 1782. 20 kr.
Le Bret pragmatische Geschichte der Bulle in Coena
 Domini, mit ihren entsezlichen Folgen, 4 Theile,
 4. 4 fl.

I. Brief.

Niemal würde ich mich wieder mit Ihnen aussöhnen, wenn ich nicht so vergnügt von meiner Reise zurükgekommen wäre, als würklich geschehen ist. Das hätte ich freylich nicht erwartet, daß sie so zu meinem Vergnügen ausfallen würde. Meiner Blicke und Mienen werden Sie sich noch erinnern, da Sie mir die Klöster in Bayern und Schwaben in Vorschlag brachten, als ich Sie um Ihre Meinung befragte, was ich für Gegenden von Deutschland wählen sollte, um eine für meine Gesundheit vortheilhafte Reise zu machen. Sie verwiesen mich in eine Ecke des Reichs, wofür mir in meinem Leben graute. Ihre Absicht wär war gut, wie ich nun hintennach wohl sehe. Sie wollten mir ganz unerwartete Auftritte verschaffen. Und Sie haben — ich muß es Ihnen zum Ruhm nachsagen — vortreflich gerathen.

So schnell, als ich im Sinn hatte, gieng es nicht von statten. Ich mußte meinem Vorhaben einige Wochen länger Aufschub geben, als ich im Anfang entschlossen war. Aber auch damit hatte ich Ursache, vollkommen zufrieden zu seyn. Die Hize hatte nachgelassen; und ich zweifle, ob ich in diesen drey Monathen nur 6. unangenehme Tage gehabt habe. Warmen Dank, Freund, für Ihren klugen Einfall: Und zum thätigen Beweiß, daß ich mich nicht begnüge, Ihnen nur mit leeren Worten zu danken, theile ich Ihnen hier die Bemerkungen auf meiner Reise mit, wie sie mir gegenwärtig noch beygehen — Untereinander, ohne ängstige Wahl — vielleicht auch solche, die Sie selbst schon wissen — oder die in Büchern stehen. Die Zeit ist mir zu kurz, um mich in diesen umzusehen: und, die Wahrheit zu bekennen, ich wäre zu bequem dazu, sie durchzublättern. Was schadets endlich, wenn ich auch Sachen erzähle, die schon gedrukt sind? Einiges, das mir auffiel oder merkwürdig schiene, zeichnete ich des Nachts, wenn ich soviel Zeit gewinnen konnte, kurz und mit gebrochenen Worten in meine Schreibtafel auf. Was ich noch lesen oder herausbringen kann, sollen Sie getreulich haben. Einiges ist schon ausgelöscht — vielleicht zum Glük für Sie und für mich. Für Sie, daß Sie mit alltäglichen Dingen verschont werden — und für mich, daß Sie mich für keinen Beobachter halten, wie jener war, dem in ganz Venedig nichts merkwürdiger schien, als ein goldener Engel auf einer Säule, auf dem St. Markusplaze, der sich nach dem Wind bewegte. Sollte ich auch noch Merkwürdigkeiten von dieser Art in meiner Schreibtafel antreffen, so gebe ich Ihnen mein Wort, solche augenbliklich, so bald sie mir in die Feder fliessen wollen, gleichsam in der Geburt zu ersticken. Vergeben Sie mir also voraus, wenn Sie etwa einige Minuten lange Weile bey Lesung dieser meiner Briefe haben.

Man hatte mir so bedenkliche Dinge von den Wegen und Strassen in Bayern und

Schwaben erzählt, daß ich mich kurz und gut entschloß, meinen eigenen Wagen nicht mitzunehmen, um ihn nicht ruiniren zu lassen. Dieser Warnung hätte man mich überheben können; so wäre mir mancher Verdruß erspart gewesen, wenn ich hie und da auf Poststationen, die ich nicht nennen will, entweder gar keinen, oder nur einen solchen Wagen haben konnte, mit dem mir schlecht genug gedient war. Aber die Wege selbst sind bey weitem in diesen Gegenden nicht so schlimm, als man vorgibt: und es gehört würklich in das Kapitel von falschen Auflagen und Verläumdungen, womit andere Einwohner Deutschlands gar nicht sparsam sind, wenn von Schwaben die Rede ist. Ich werde in der Folge mehrmal Gelegenheit haben, die Ehre dieser ehrwürdigen Nation zu retten. Ich selbst bekenne, daß ich auf dieser meiner Reise in vielen Stücken eines andern belehrt worden bin, da ich vorhin in Gesellschaften waker mitlachen konnte, wenn es über die Schwaben, über ihr Land, über ihre Gebräuche und Sitten, über den Zustand der Gelehrsamkeit bey ihnen, über manches, davon Ausländer nicht einmal etwas wissen, und wie

der

der Blinde von der Farbe reden, hergieng. Ueberhaupt zu reden, Freund, so sehr ich Patriot bin, und meinem Vaterlande nichts geschehen lasse, so wüßte ich doch nicht, ob ich ausser Obersachsen und der Untern Pfalz in Absicht auf die Fruchtbarkeit und die Anmuth mancher Gegenden ein Land im deutschen Reiche anzugeben wüßte, das man Schwaben an die Seite sezen, will geschweigen, vorziehen dürfte. Ueberall wo man hinkommt, stoßt man auf fruchtbare Aecker, auf denen alle Gattungen von Getraide vortreflich fortkommen. Man sieht die schönsten Wiesen, bey denen die Viehzucht im höchsten Grade im Flor seyn muß. Die Beholzung ist ausnehmend, so daß Schwaben die lezte Provinz seyn wird, die den Holzmangel, der beynahe überall im Anzug ist, empfinden darf. Fischreiche Seen und Flüsse sind in diesem gesegneten Lande in Menge anzutreffen. Die Wälder sind voll Wildpret, so, daß die Bauren hie und da um ihrer Aecker willen, die in der Nachbarschaft der Wildbahnen sind, derer sie sich nicht eben allemal zu freuen haben, lieber eine mehrere Seltenheit des Gewilds, z. E. der Haasen, Hirsche und Schweine wünschten. Kurz ich wundere mich nun gar nicht mehr, daß Sie darauf beharrten, mir dieses Land zu meiner Reise vorzuschlagen, und nicht abliessen, bis ich Ihnen das Wort dazu gegeben hatte. Noch einmal Dank dafür, mein Liebster! wären Sie nur auch bey mir gewesen, daß Sie ein Augenzeuge meiner Zufriedenheit hätten seyn können! In weniger, als 3. Wochen betrat ich den Schwäbischen Grund und Boden. Halten Sie meine Erzählungen deßwegen nicht für verdächtig, wenn ich Ihnen nicht jede Tagreise pünktlich vorrechne. Mit den Zufällen, die mir unterwegs begegneten, will ich Sie nicht aufhalten. Auf Landkutschen wagte ich mich nie, wenn mir solche mein Beutel auch noch so sehr hätte empfehlen wollen. Auf der Post reißte ich desto geschwinder, und ich glaube, diß ist Erspatniß genug. Juden und Huren sind nicht meine Sache, und diß ist die gewöhnliche Gesellschaft auf den Postwägen. Und Pfaffen, die auch noch je und je dazu kommen, wollte ich in ihrer Heimath kennen lernen. In Gasthöfen bin ich leicht zufrieden zu stellen. Daher berühre ich es auch nicht, wenn ich an manchen Orten sehr kurz in denselben davon

davon kam. Das geschah mehrentheils nur in Dörfern. In Städten fand ich immer so viel Bequemlichkeit und gute Bewirthung, hauptsächlich in Ansehung des Weins, daß ich Ihnen manche Provinzen Deutschlands aufzählen wollte, die in diesem Punkt weit hinter Schwaben zurükstehen müssen. Das gilt vorzüglich vom Herzogthume Würtemberg, dessen Gränzen ich aber bloß betreten habe, weil mich meine Absicht nicht zu Lutheranern, sondern zu Katholiken führte, deren Geistlichkeit, und zwar in den ansehnlichsten Klöstern oder Gotteshäusern, wie man sie hier zu Lande nennt, ich aus eigener Einsicht kennen lernen wollte.

Das Kloster zu den Wengen in Ulm, dieser Kayserlichen freyen Reichsstadt, in welchem ich mich zuerst umsahe, hätte meine Erwartung in Ansehung der Schwäbischen Klöster, die ich bereisen wollte, und in denen ich so vieles besondere anzutreffen vermuthete, beynahe gänzlich getäuscht: so wenig merkwürdiges hat es aufzuweisen! Es scheint, diese regulirte Chorherrn des h. Augustins seyen es ganz zufrieden, gleichsam inkognito in einer evangelischen Stadt zu wohnen, und das Sprüchlein des guten heiligen Tomas von Kempis auszuüben: *Ama nesciri?* bleibe gern unbekannt. Ich glaube, es kommen dreyßig beträchtliche Reisende nach Ulm, ohne daß es Einem oder zween davon einfällt, die Wengen zu besuchen. Das Gebäude selbst hat wenig Reize. Doch, das hätte mich nicht gekränkt, wenn ich nur in dem innern desselben mehr zu meiner Absicht dienliches angetroffen hätte. Sie kennen mich ja, als einen gar nicht fürchterlichen Mann, der zufrieden ist, wenn man ihn überall mit ankommen läßt. So klug war ich auch, nirgends anzugeben, daß ich ein Officier und von der evangelischen Kirche sey. Aber die H.Herrn Paters zu den Wengen schienen mich recht zu scheuen; und ich glaube, ein paar davon hatten den Gedanken, ich sey ein Emissair aus den Kaiserlichen Landen, der die Klöster auskundschaften wolle, und etwa gar in wenigen Wochen eine mißliebige Nachricht von Wien auswürken werde. Ich hatte Mühe, mich bey diesen Herren durch ein offenes Betragen ausser Verdacht zu sezen. Kaum konnte ich das Glük haben,

haben, die Häupter dieser ehrwürdigen Gesellschaft, den Prälaten und den Dekan zu sprechen. Mit der Kleidung dieser Herrn halte ich mich nicht auf. So lächerlich diese in den Augen eines Officiers seyn mag, wenn er sie das erstemal zu Gesichte bekommt; so auffallend ist vielleicht die Uniform eines Soldaten einem Religiosen. Keiner hat also dem andern dißfalls etwas vorzuwerfen. Ihre Chorhemder allein, oder wie man das Stük Leinwand heißt, das sie vornen, wenn ich recht gesehen habe, über ihr schwarzes Ordenskleid herabhangen haben, wollte mir nicht behagen: Ich denke, diese Leinwand werde des Jahrs nur Einmal gewaschen, so unreinlich sieht sie aus. Ist es vielleicht ein Stük der Ordens-Regul; oder gehört es zur Büssung, oder zur klösterlichen Demuth; oder erlauben es die Einkünfte nicht, diesen Aufwand zu bestreiten?

Die Zellen dieser Väter erregten die Begierde und den Wunsch bey mir nicht, auch einer aus ihrem Mittel zu seyn. Sie sind nicht sehr geräumig: Vielleicht dürfen und sollen sie es nicht seyn. So sehr ich gewünscht hätte,

ihre

ihre Bücherschränke auch durchzugehen, so wenig wollte es sich schicken. Von Praleren spreche ich sie wenigstens in diesem Stük frey. Ein paar Meßbücher gukten hie und da hervor. Ich habe Sorge, die Litteratur möchte in diesem heiligen Gebäude ziemlich zu kurz kommen. Man führte mich in die Kirche. Ich fand den Pracht und den guten Geschmak nicht darinn, den ich erwartete. Sehr mittelmäßige Mahlereyen auf den Blättern ihrer Altäre, die man in Italien, wenn man sie auf dem Wege fände, nicht aufheben würde. Bildhauer-Arbeiten von der mindern Sorte: Eine grosse Orgel — darauf hält man in den Klöstern viel — Ob sie aber auch Meister auf diesem Instrumente haben, darauf kann ich Ihnen nicht antworten. Am meisten reizte mich ihr Kirchenornat und die Meßgewande in der Sakristen, die ein sehr dunkels und hypochondrisch aussehendes Gewölbe ist. Auf jenes thun sich die Patres auch würklich viel zu gute. Ein Jude, der die Kelche mit Edelsteinen besezt — Zwar weiß ich nicht einmal, ob alle ächt sind — und die Chorröcke, oder wie man sie heißt — verzeihen Sie mir, wenn ich einen Schnizer wider

das

das Costume über den andern mache — zu sehen bekäme, würde wohl über diese Gefangene seufzen, und dem Hüter dieser Kostbarkeiten gern Ruhe verschaffen. Ich war froh, daß mir endlich nur auch die Bibliothek noch eröfnet wurde. Man konnte den Pater Bibliothekar nur mit Mühe herbeybringen, und es schien mir, als ob würklich einige nicht wüßten, wer er wäre. Das hielte ich für eine schlimme Vorbedeutung. Die Bücher, deren Anzahl ich mir nicht zu bestimmen getraue, ich mochte auch nicht gern darnach fragen, sind in einem Zimmer, das mehr lang, als breit ist. Der Bibliothekar entschuldigte sich, daß er dieses Amt erst kürzlich übernommen habe, und mir also nicht von allem Rede und Antwort geben könnte. Ich sahe ihm an, daß Litteratur eben nicht seine Sache war. Dem vernehmen nach wird bey der Wahl zu diesem Amt, das die Herren für eine Last halten, nicht auf die nöthige Eigenschaften gesehen. Es kommt alles darauf an, daß er den Schlüssel zu diesem Zimmer in der Tasche hat, und er kann, wenn ein Fremder die Bibliothek besehen will, auch einen andern in seinem Namen abordnen, der eben so

wenig

wenig von dem Handel verſteht, als er ſelbſt. So iſt ihm doch die Verlegenheit erſpart, in die er verſezt würde, wenn er ſeine gänzliche Unwiſſenheit einem Fremden verrathen müßte. Ich hielte mich nicht lange darinn auf, denn es war kalt, und ich erinnere mich nicht, einen Ofen darinnen geſehen zu haben. So iſt alſo dieſer Bücherſaal des Winters unbrauchbar: und daß er des Sommers viel beſucht wird, glaube ich auch nicht. Ich fragte nach Manuſcripte, erhielt aber eine Antwort, die mich beſorgen hieß, daß ich zu früh gefragt hätte, weil er ſich in dieſem Studium erſt umſehen wollte, wie er ſich ausdrükte. Meine Augen führten mich unverſehens auf proteſtantiſche Schriftſteller. Nun Sie ſind doch auch tolerant in Ihrem Kloſter, Herr Pater, ſagte ich. Warum das nicht, war die Antwort: wir fürchten uns nicht zu ſehr vor dem Index expurgatorius: und es iſt erſt noch eine Frage, ob die Bücher der Unkatholiſchen, die wir hier haben, auch darinnen ſtehen. Schmidts Geſchichte der Deutſchen fuhr ungebunden auf dem Tiſch herum. Ich verwunderte mich, und bezeugte ihm, ich hätte geglaubt, daß ein jeder

Pater

Pater dieses Buch eigen haben würde, so richtig und unterhaltend seye es. Er versezte mir, da sie eine öffentliche Bibliothek hätten, so könnten sie des Aufwands auf Bücher aus ihrem Beutel überhoben seyn. Daneben merkete ich den guten Herren an, daß sie keine sonderliche gute Freunde von Schmior sind. Sie gaben mir zu verstehen, daß sie Nachrichten von Wien hätten, die ihm bey den Klöstern zu keiner grossen Empfehlung dienen könnten. Ich fand nun rathsam, mich in bester Ordnung nach und nach zurükzuziehen — Die Menge ungebundener Bücher, die hie und da zerstreut herum lagen, wollte mir gar nicht einleuchten. Sie schüzten ihre geringe Einkünfte und andere nöthige Ausgaben vor, und am Ende schoben sie die Schuld auf den Prälaten. Das ließ ich mir auch gefallen. Er und der Dekan, mit aller Ehrerbietung von ihnen gesprochen, sind, wenn ihnen schon an meinem Beyfall nicht viel gelegen seyn wird, keine Männer, die sehr glänzen. Ich errathe nicht, womit sie ihre Zeit hinbringen, wenn ihnen die Bibliothek die lange Weile, die sie nothwendig haben müssen, nicht vertreiben kann. Regis ad exemplum — heißt es es auch in diesem Kloster. Die übrige Patres haben eben dieses Gepräge. Die Zeit wurde mir so lange in ihrem Umgang, als ihnen in ihrer Bibliothek. Dem Pater Prokurator muß ich Recht widerfahren lassen, das ist ein Mann, der seinem Kloster Ehre macht; von Einsichten, von Beurtheilungskraft, von seinen Sitten: aber es dünkt mich, er seye eben deswegen bey seinen Brüdern nicht wohl daran, weil er sich so sehr zu seinem Vortheil vor ihnen ausnimmt. Auch der Oberamtmann hat meinen ganzen Beyfall. Diesem möchte ich in das Herz sehen, oder ihn zu meinem Vertrauten haben, wenn er sich über das Kloster heraus läßt. Vor 30. Jahren hatten sie einen Prälaten, der Schriftsteller war. Zu seiner Ehre will ich aber die Schriften nicht nahmhaft machen, mit denen er die Welt bereichert hat. Im zehnten Jahrhundert hätte er für einen Schwarzkünstler gegolten. Auch soll er eine gar besondere Vorschrift zu guten Sitten herausgegeben haben. Den Namen der Brochure weiß ich nicht zu nennen: und in der Bibliothek hatte ich das Herz nicht darnach zu fragen. — Das Kloster ist dem h. Erzengel

Mi=

Michael gewidmet, und kann sich eines grauen Alterthums rühmen. Im folgenden Jahr können die Chorherrn ihr Jubelfest feyern; es sind alsdenn gerade 600. Jahre seit der Stiftung dieses Gotteshauses verflossen. Sie wollten nichts davon hören, da ich ihnen den Vorschlag that, solches recht feyerlich zu begehen. Wir wollen froh seyn, hieß es, wenn man uns noch länger in unsern Zellen ungestört beysammen läßt: Wir haben das Kloster vielleicht die längste Zeit besessen. Dem h. Wittigov, Grafen von Albek und seiner Gemahlin Bertha zu Ehren wollen wir eine nahmhafte Anzahl Messen lesen: Die übrige Solennitäten aber beruhen auf sich. Dieser Graf war Stifter von dem Kloster. Ich fragte nach seinem Bildniß; weiß aber nicht mehr, ob man mir solches vorgewiesen hat. Vielleicht stellten sich die Patres so furchtsam, um ein Wort des Trostes und der Versicherung ihrer längeren Dauer von mir zu hören. Ich wollte sie nicht ganz unbefriedigt verabschieden. Stünde es bey mir, sagte ich, etwas zur Erhaltung der Klöster beyzutragen, so sollte es nicht so weit kommen, als es bereits gekommen ist. Doch Sie sind ja keine Mön=

Mönche. Und nur den Mönchen drohet ein gefährliches Ungewitter in der katholischen Kirche: Nicht einmal aber auch diesen allen, sondern nur den Bettelmönchen, und ferner denen, die sich zu viel mit der Beschaulichkeit abgeben. Doch wollte ich auch den andern Orden, und den regulirten Chorherrn einen guten Rath ertheilen. Ihre Einkünfte reichen gewiß zum Ankauf mehrerer Bücher, und beträchtlicherer Werke zu, als ich in Ihrer Bibliothek angetroffen habe: und sich gute Tage zu machen, und auch etwas auf die Armuth zu verwenden, dazu wird immer noch Rath seyn. Legen Sie sich, meine Herrn, fuhr ich fort, alsdenn geflissen auf die Wissenschaften, schreiben Sie Bücher. Dadurch können Sie Ihrem Untergang am sichersten ausweichen — Die Stirnen runzelten sich bey diesem Antrag, und ich will alles verloren haben, wenn es einige unter ihnen nicht für ausgemacht hielten, ich stehe in Verbindung mit dem Kayserlichen Hof, und Tod und Leben hange nun für sie davon ab, ob ich günstig oder nachtheilig von ihnen denke. Sie suchten mir weitläuf zu beweisen, wie gar nicht ansehnlich ihre Einkünfte seyen, und wie

man

man einen sehr mittelmäßigen Fang thun würde, wenn man sich derselbigen bemächtigen wollte. Geben Sie sich zur Ruhe, sagte ich, und denken Sie nichts arges von mir: ich bin ein unschuldiger Fremder, den ein blosses Ungefehr hieher und in Ihr Kloster geführt hat: ich würde sehr undankbar seyn, wenn ich die bey Ihnen genossene gütige und freundschaftliche Aufnahme mit einer solchen Verrätherey belohnen wollte — Diese Erklärung that ihnen aber noch keine Genüge. Ich wurde selbst unruhig, und verabschiedete mich — Was sie indessen gedacht haben, möchte ich wohl wissen. Wenn wieder ein Fremder kommt, und das Kloster besehen will, werden sie gewiß auf ihrer Hut seyn. Ich wollte auch fast wetten, die Bücher, die noch hin und her liegen, werden in wenigen Wochen alle gebunden seyn. Der nächste Gedanke war, von Ulm aus Wiblingen zu besuchen. Der Weg dahin ist höchst angenehm, und so kurz er ist, da er kaum eine starke halbe Meile ausmacht, so hat man doch Gelegenheit, unterwegs zu Schiff zu gehen. Die Iler fließt nicht weit vom Kloster vorbey, und über diese muß man in einem Nachen fahren, ehe man dieses Gotteshaus betreten kann. Es präsentirt sich von aussen prächtig genug, und ich wollte Ihnen eine ansehnliche Reihe deutscher Fürsten aufzählen, deren Residenzen in Vergleichung mit diesem Gebäude ziemlich zurükstehen müssen. Es ist eine Benediktiner-Abtey. Sie wissen, so gut evangelisch ich bin, daß ich doch immer gegen diesem Orden eine vorzügliche Neigung habe: und wenn ich katholisch würde, so sollte es nur geschehen, um ein Benediktiner-Mönch werden zu können. Ich hätte auch bey diesem Orden mehr Sicherheit, als bey einem andern. Dieser wird gewiß nicht bälder, als mit der ganzen römischen Kirche fallen, und bis dahin möchte es noch eine Weile anstehen. Ich sezte meinen Fuß mit einer Art von inniger Ehrfurcht in dieses Kloster, da ich eine ganze Stunde lang meine Augen an dem Anblik desselben von aussen geweidet hatte. Nun aber, wenn man hineinkommt — da behaupten die fürstliche Residenzen, deren ich kaum gedacht habe, ihre Vorzüge und Rechte wieder. In der That, das innere und äussere sollten besser zusammen passen. Mehrere Reinlichkeit könnte nichts schaden.

Das

Das müßte auch, da es diesen Herren an Leuten, die zu ihren Diensten stehen müssen, nicht fehlt, leicht zu erhalten seyn. Ihre Zimmer, — ich weiß nicht, ob man sie Zellen nennt — halten Sie mir meine Unwissenheit zu gut, sind hoch und geräumig, aber nicht zum besten aufgeraumt. Das innere des Klosters fällt, im ganzen betrachtet, nicht unfein in die Augen. Doch hätte ich weit mehreren Pracht erwartet. Die bisherige Kirche war zu eng; daher ist der Riß zu einer neuen gemacht, und solche bereits zu bauen angefangen worden. An dieser wird nichts gespart, und sie ist ein Beweiß, daß es den Wiblingern Benediktinern nicht an Gelde fehlt. Die Stifter, die Grafen Otto und Hartmann von Kirchberg, die nach ihrer glüklichen Rükkunft von einem Kreuzzug nach Jerusalem an dem Ende des zwölften Jahrhunderts, den heiligen Gedanken hatten, ein Gott so wohlgefälliges Werk zu unternehmen, würden sich sehr verwundern, wenn sie aus ihrer Aschen hervor schauen und die Anlage dieser Kirche sehen könnten. Es werden Jahre dazu gehören, bis sie fertig ist. Fresko Malereyen an der Decke der Kirche kann man ohne Erstaunen nicht ansehen. Eine stellt, wo ich nicht irre, die Himmelfahrt, oder die Zukunft Christi zum Gerichte vor. Das Altarblatt bey dem Hauptaltar im Chor der Kirche zeugt von ungemeiner Kunst, so wie die Bildhauer-Arbeit, der sich kein italiänischer Meister schämen dürfte. Ich bin kein eigentlicher Kenner von Werken der Kunst: Aber es dünkt mich, in reichen Klöstern fürchte man keinen Aufwand, um etwas beynahe vollkommenes zu erhalten. Vergoldungen sind überdiß in Menge angebracht. Wider diß hätte ich doch, als eine Verschwendung in meinen Augen, manches einzuwenden. Ich weiß nicht mehr, wie viele tausend Gulden nur die Orgel kosten soll, bey der besondere Kunststücke werden angebracht werden. Die Kirchenstüle sind von dem besten Holze, und der Fußboden maßiv. Man führte mich auch in das sogenannte Kapitel. Ich hatte kurz vorher die drolligte Piece: Das Nonnenkapitul, gelesen, und ich weiß nicht, wie mirs gieng, daß ich in diesem Zimmer keinen Schritt ohne Lachen thun konnte, und Noth hatte, den Wohlstand gegen meinen Führern und Begleitern nicht aus den Augen zu sezen. Die Meß-

Meßgewande und die heiligen Gefässe übertref=
fen das, was man von dieser Klasse bey den
Wengen in Ulm sehen kann, weit. Die
Bibliothek ist ein vortreflicher Saal, im besten
Geschmak erbaut, in dem man beynahe vor den
Schönheiten der Baukunst, in Ansehung des
angebrachten Marmors, der Bildhauer=Arbeit
und der Malereyen, die Hauptsache, nämlich
die Bücher, vergißt. Die Sammlung ist an=
sehnlich, und die Anlage sehr gut. Sie wis=
sen, daß ich immer gern auch, so wenig ich
Beruf dazu habe, gelehrt seyn, wenigstens
scheinen möchte: und um diese Absicht zu er=
reichen, habe ich allezeit ein halb duzend Fragen
im Vorrath, die ich zur rechten Zeit aus mei=
nem Schubsacke hervorlange, und mir damit
ein meisterliches Ansehen zu geben weiß. Das
beobachtete ich auch hier zur guten Stunde;
aber ich bekam nur zuviel und allzugründlichen
Bescheid. Hätte der Bibliothekar meine schwa=
che Seite gekannt, und nicht so viel Artigkeit
gehabt, meiner zu schonen, so hätte ich ihm ge=
wonnen Spiel gegeben, mich zum Bejammern
zu entblössen. Aber es lief gut ab; und ich
war froh, daß ich der Schande so glüklich

entronnen, war nun desto verbindlicher gegen meinem gefälligen Führer, und desto verschwenderischer mit Lobsprüchen über diesen auserlesenen Vorrath, versprach auch, so bald ich wieder nach Haus gekommen seyn würde, zur Erkenntlichkeit für die mir erwiesene Ehre, ein seltenes Manuskript aus dem eilften Jahrhundert, das ich irgendwo zur Hand bekommen hatte, und das in der Kirchengeschichte brauchbar seyn muß, dem Kloster zum immerwährenden Angedenken zu verehren. Natürlich war die Zeit viel zu kurz, um alle Bücher nach der Reihe durchzugehen: ich begnügte mich also, hie und da eines hervor zu langen, verwunderte mich aber nicht wenig, als ich wie mit Kreide überzogene Finger davon trug. Diese Patres sind im Binden der Bücher eigene Leute. Der Band soll bey allen schneeweiß seyn. Bey neuen Büchern kann ihnen der Buchbinder allemal zu Willen werden. Aber, wenn sie schon gebundene Bücher kaufen, so schmieren sie solche mit Kalch, oder überfärben sie mit Kreide. Daß sich das besonder gut ausnehmen sollte, möchte ich eben nicht behaupten. Doch, wenn nur die Bücher gut sind, und nicht als verlegene

und

und unnüze Waare behandelt, sondern auch gebraucht werden! Wie der Benediktiner-Orden überhaupt den Ruhm hat, daß er der Gelehrsamkeit die ersprießlichste Dienste zu allen Zeiten geleistet habe, so sucht man sich in den Klöstern, die diesem Orden gewidmet sind, auch in Deutschland, in den Wissenschaften je länger je mehr hervor zu thun. Ich traue es den Herrn Patribus in Wiblingen zu, daß sie auch nicht zurükbleiben. Sie geben sich mit dem Unterricht junger Leute in den ihnen nöthigen Kenntnissen, auch so gar in der Musik ab, und sie haben von manchen ihrer Schüler schon Ehre genug eingeerndet. Nur glaube ich gleichsam im Vorbeygehen bemerkt zu haben, daß die Bibliothek nicht jedem Pater zu so freyem Gebrauch offen stehe, als wohl seyn sollte. Es mögen Geseze vorhanden seyn, die die Freyheit hierinn einschränken; davon bin ich nicht unterrichtet. Aber eben diese Geseze leiden hoffentlich auch ihre Abfälle; so wie die Herrn Patres selber, wenn sie aufrichtig seyn wollen, ohne Bedenken gestehen werden, daß sie sich auch nicht mehr so streng an die Regel ihres Stifters, des h. Benedikts binden, als im

Anfang geschehen ist — Der Prälat dieses Klosters, ein Mann von den liebenswürdigsten Eigenschaften, macht den Oekonomen in seiner Abbtey. Die Sache ist nicht zu verwerfen. Warum soll man ansehnliche Güter zusammen gebracht haben, und nicht gut damit wirthschaften? Es ist in kurzer Zeit bey einer unvorsichtigen Haushaltung viel zu verlieren, das wieder zu gewinnen viele Jahre erfordert werden. Aber man muß die Sache nicht zu weit treiben, und die Absicht auch dazu nehmen, warum Vermögen gesammlet wird. Nicht wahr, bey einem Benediktiner-Kloster wäre das ein Hauptzwek, die Büchersammlung von Jahr zu Jahr mit den nüzlichsten und kostbarsten Werken zu bereichern, sollte es auch nur darum seyn, bey Fremden, die ein so berühmtes Kloster sehen wollen, Ehre von einem solchen gelehrten Schaze zu haben? das soll aber, wie ich mich unter der Hand habe belehren lassen, eben nicht der Geschmak des Herrn Prälaten seyn; und er soll einigen, die den Ankauf mehrerer Bücher bey ihm in Vorschlag brachten, geantwortet haben: Sie hätten an den vorhandenen genug, und würden in hunderten von diesen noch fremde seyn.

seyn. Die Auskunft läßt sich hören, wenn anders die ganze Geschichte Grund hat, für deren Zuverläßigkeit ich nicht stehen kann. Aber diß würde zu viel beweisen. Der Entdeckungen im Reiche der Wissenschaften wird alle Tage mehr. So viel unnüzes Zeug geschrieben und gedrukt wird, so sehen doch auch Bücher das Licht, um die unsere Vorfahren weiß nicht was würden gegeben haben, wenn sie solche hätten besizen können. Warum sollen wir uns derselben muthwillig berauben, wenn wir sie haben können? Man nehme nur die Natur= politische und Kirchengeschichte. In jener hat Deutschland seit 30. Jahren Werke gesehen, auf die es stolz seyn darf: und in diesen kommt man ohnehin niemal zum Ende, so lang die Welt noch stehen wird. Wer vom neueren in der Geschichte keine Notiz nehmen will, kommt mir vor, wie einer, der sich seine ganze Lebenszeit hindurch mit dem Kalender des Jahrs begnügen wollte, in dem er geboren ist. In der That! Der Herr Prälat von Wiblingen sollte unmaßgeblich den Eifer seiner Herrn Paters, die Bücher=Liebhaber sind, mehr anfeuren, und so schöne Einkünfte, als seine Abbtey besizt, durch

Vermehrung des nicht zu verachtenden Bücherschazes noch besser anwenden, als er bisher gethan hat. Was nüzen die gröste Schäze, wenn sie ungebraucht da liegen? Ich will es nicht tadlen, wenn ich schon ein Lutheraner bin, daß beträchtliche Summen zur Verschönerung der Klostergebäude, zur Erbauung einer neuen Kirche, zur Ausschmückung derselben mit allen möglichen Schönheiten, der sie nur immer fähig ist, zum Kirchenornat, zu heiligen Gefässen, auch zu einer guten Tafel, zu auserlesenen Weinen u. d. gl. verwendet werden. Man hat es ja, warum sollte man es nicht brauchen dürfen? Aber auch hier heißt es meinem wenigen Ermessen nach: Dieses darf man thun, und jenes sollte man nicht lassen. Diß ist doch, wenn man der Sache auf den Grund sehen will, die natürlichste Bestimmung der Einkünfte eines Gotteshauses, in welchem die Bewohner desselben neben den gottesdienstlichen Verrichtungen, die allezeit die Hauptsache bleiben, und neben der Beobachtung der vom Stifter vorgeschriebenen Ordens=Regul ihre Zeit ganz den Wissenschaften und der Bildung junger Leute, durch Unterricht in denselben widmen sollen.

Sie

Sie werden wohl mit meinem Lehrton nicht zufrieden seyn? — Ich räsonnire hievon, so gut ichs verstehe, und so viel mich mein gesunder Menschenverstand lehret. Ich schreibe ja meine Gedanken Ihnen und nicht dem Abbte von Wiblingen. Wenn Sie ein Kloster stifteten — wer weiß, was noch geschieht? Sie haben Vermögen genug und keine Erben, und haben immer einen geheimen Hang zum Mönchsleben gehabt — so weiß ich schon, daß Sie mich auch bey Abfassung der Fundation, wenn ich schon nicht von Ihrer Kirche bin, zu Rath ziehen werden. Ich werde Ihnen rund heraus sagen, daß Sie keinen Dank von Gott, und keine Ehre bey Menschen davon tragen werden, wenn Sie nicht zwey Drittheile der ganzen Summe, oder vielmehr der Interessen aus derselbigen, zur Herbeyschaffung und Unterhaltung einer Bibliothek aussezen, und die Administrators Ihrer Stiftung bey Bedrohung empfindlicher Quaalen im Fegfeuer, für die keine Messen zureichend seyn sollen, zur genauen Befolgung Ihrer lezten Willensmeinung sträflich verpflichten. — Die Herrn Patres sind gröstentheils gut aussehende, aufgewekte Männer.

An einem einzigen stuzte ich, der mir, ich glaube zu seinem grossen Aergerniß, weil er mir ohne Zweifel ansahe, daß ich ein Kezer bin, in einem Gang des Klosters unversehens begegnete. Ich hätte ihn eher für einen Eremiten, oder für einen Mönchen von einem beschaulichen Orden, als für einen Benediktiner angesehen. Schmachtende Blicke schikte er gen Himmel, als ob er der Erde müde wäre. Hätte der Herr Prälat lauter solche Patres, so wollte ich meinen Ausfall wegen der Bibliothek wieder zurüknehmen. Solchen ist mit Büchern gar nicht gedient; ausser etwa mit Stoßseufzer-Büchelchen in dem Geschmak der Madame Guion und anderer Mystiker. Nun noch an dem Ende eines Briefs, der ohnehin schon zu lang gerathen ist, eine Klage in Ihren Schoos, liebster Freund, über der Sie mich wohl hart anlassen, und Ihrer ganzen Rechtgläubigkeit aufbieten werden, mich zurecht zu weisen, und wenn ich nicht gelehrig genug bin, kurzweg zu verurtheilen. Ich hörte in einem der Klöster, die ich Ihnen auch noch künftig beschreiben werde, Vesper singen. Gott, welches Geheule! Wenn ich würklich den einen Fuß in

eine

eine katholische Kirche gesezt hätte, um meine Religion darinn abzuschwören, und die Ihrige anzunehmen, und ich hörte dergleichen etwas, so zöge ich wieder zurük. Wenn die Patres, unter denen man die Stimme des Prälaten, wie man mich versicherte, ganz deutlich unterscheiden konnte, auch die gottseligste und erbaulichste Dinge singen, wovon ich nicht urtheilen kann, weil ich keine Sylbe verstanden habe, so muß das fürwahr in den Ohren Gottes, wenn ich mich so ausdrücken darf, nichts anders als ein Geplerr seyn. Das Mark zitterte mir in den Gebeinen, und ich stund doch wenigstens 30. Schritte davon. Man sollte eine Schaar Benediktiner an statt der Trompeten und Pauken, Pfeiffen und Trommeln in einer Schlacht zum Angriff Vesper singen lassen, ich glaube, Türken und Russen, Kosaken und Kalmuken flöhen im Augenblik davon. Die Leute wollen Kenntniß von der Tonkunst haben; und nichts auf der Welt kann unmusikalischer seyn, als ein solches Gesang. Ist es möglich, daß das einen Gottesdienst vorstellen kann? Ich müßte mich sehr betrügen, wenn vernünftige Mönche nicht selbst einen heimlichen Widerwillen vor dieſer Uebung hätten. Ferne ſeye es von mir, irgend etwas, das die Religion nur von weitem angeht, durchzuziehen, zu verläſtern, oder nur lächerlich zu machen. Aber dieſer Reflexion konnte ich mich nicht erwehren. Ich hätte das Herz, ſie dem Prälaten in das Geſicht zu ſagen. Als eine Leibesübung lieſſe ich es noch gelten. Man mag Appetit zum Eſſen, oder zu einem guten Glas Wein bekommen, wenn man ſich den Hals vorher ſo heiſcher geſchrien hat. Ich will mich belehren laſſen, wenn Sie ſich getrauen, dieſem Geſang das Wort gründlich zu reden. Thue ich der Sache zu viel, ſo vergeben Sie es mir, als einem Soldaten, dem es an richtigen Begriffen in ſolchen Dingen fehlen mag: oder als einem Lutheraner, der ſich nicht immer erinnert, daß er den Entſchluß gefaßt hat, einen Religionsdiſputen anzufangen. Von Wiblingen gieng ich nach Elchingen. Laſſen Sie ſich aber nicht bange ſeyn: ich merke ſchon, daß ich ein wenig zu weitläuf in meinen Erzählungen bisher geweſen bin, die folgenden ſollen um ein gutes kürzer werden. Ich bin von Herzen ꝛc.

II. Brief.

II. Brief.

Die Reichsstadt Ulm, so gut evangelisch sie ist — ich möchte dem gemeinsten Bürger, oder der geringsten Magd die Zumuthung nicht thun, katholisch zu werden, wenn ich ihnen auch die grösten Dinge verspräche — enthält nicht nur innerhalb ihrer Mauren ein Kloster, wie Sie aus meinem ersten Briefe werden gesehen haben, und noch etwas Römischkatholisches, das deutsche Ordenshaus; sondern auch um die Stadt herum hat diese Religion hin und wieder sich seit der Reformation zu erhalten gewußt. Auf der einen Seite, nur eine halbe Meile davon, siehet man Wiblingen, das Gotteshaus, mit dessen Beschreibung ich Ihnen ohne Zweifel die Zeit lang genug gemacht habe: auf einer andern, eine kleine Meile von dieser Reichsstadt, prangt die Benediktiner=Abtey Elchingen, die, wenn man von dem hohen Dome in Ulm, oder Münster, wie

man

man es nennt, die umliegende Gegend übersieht, sehr gut in die Augen fällt. Es war schon eine Empfehlung bey mir für dieses Gotteshaus, da ich hörte, daß es Benediktiner=Ordens wäre. Es sieht von weitem einer mäßigen Bergvestung nicht unähnlich. Ich hörte auch nachmalen, daß es würklich ehedem ein festes Schloß gewesen sey, bis solches die Andacht und Gottseligkeit Herzogs Kunrads von Sachsen und seiner Gemalin Luciä, einer Herzogin von Schwaben, und Schwester Kaisers Kunrads III. in ein geistliches und nun in Schwaben hochangesehenes Stift umschuf. Was doch die grosse Herren ehemal für Einfälle hatten! Wo sie etwas übrig zu haben, oder entbehren zu können glaubten, straks damit einer gottseligen Stiftung zugewandert: Ja sie brachen so gar ihrer Nothdurft mehrmalen etwas ab, und theilten redlich mit den Pfaffen. Diesen glaubten sie freylich auf ihr Wort: und sie durften ihnen nur die Hölle oder das Fegfeuer wegen ihres vorhin geführten Lebens, mit dem es bey dem fünften, sechsten und siebenten Gebot nicht allemal so richtig aussahe, recht heiß machen, und sie versichern,

daß

daß ein Kloster alle diese Flammen ihnen zu gut auslöschen, und daß man in demselben bis an den Anbruch des jüngsten Tags unzählbare Messen für die Ruhe ihrer Seelen lesen, und tausend Gebete für sie gen Himmel schicken würde, so war die Stiftung richtig, und die Welt um ein Kloster reicher, ohne das sie doch so gut hätte seyn können. "Böser Freund," werden Sie sagen, "ist das der Dank dafür, daß "ich Ihnen mit Beschauung der Klöster eine "vergnügte Stunde machen wollte? Nun muß "meine Religion herhalten." Vergeben Sie mir meine zufällige Gedanken: sie sind nicht so böß gemeint; am Ende geben Sie mir selber Recht. Nur soll das kein Protestant sagen. Nun die Abbtey Ober-Elchingen! In der That kein unfeines Gebäude, in dem ich allemal lieber wohnen, als eine Campagne, wie die in Böhmen in den Jahren 1757. und 1758. war, mitmachen wollte. Mit Beschreibung der Kirche, Sakristen, anderer Schönheiten, die blos für die Augen sind, und womit Ihre Religion immer freygebig genug ist, will ich mich nicht mehr aufhalten. Ich bin nicht Kenner genug, alles richtig zu beurtheilen, und es

C ist

ist mir mehr um lebendige, als um leblose Dinge zu thun. Daher frage ich auch nicht nach heiligen Reliquien, und man ist so klug, mich mit denselbigen, wo ich hinkomme, zu verschonen.

Wenn die Kostbarkeit der Gebäude, der Kirchenzierrathen, und anderer ausserwesentlichen Dinge den Einkünften gemäß seyn müßte, so sollte wohl die Abbtey Elchingen es vielen, oder den meisten ihrer Schwestern zuvorthun. Diese sollen sehr ansehnlich seyn. Es gehören mehrere Dörfer dazu, die ein schönes eintragen müssen. Die geistliche Herren nehmen die Sache in diesem Punkt auch gar genau, und wissen die Bauren, wenn sie sich über die Auflagen beschweren wollen — ob sie immer das Herz haben, weiß ich nicht — mit dem Spruch: Geber Gott, was Gottes ist — gründlich zur Ruhe zu bringen. Dem Kaiser dörfen sie ja nichts geben: was sie also geben, geben sie Gott, das ist dem Gotteshause: und wie sollte das einen Christen, der nur einen Funken Religion noch übrig hat, sauer ankommen? Vor der leidigen Kirchenreformation — nicht wahr, ich habe

habe den rechten Ausdruk gewählt? — waren die Einkünfte noch grösser. Aber seit jener Zeit sind sie um ein nahmhaftes verringert worden. Der Prälat läßt sich aber darum nichts abgehen; und daran thut er wohl; denn er ist überzeugt, daß die Abbtey noch immer mehr besizt, als sie nöthig hat. Ich habe an ihm einen Herrn gefunden, der — zu seinem Ruhme soll es gesagt seyn — nicht auf dem rechten Plaz steht. Er könnte einen weit grössern Posten ausfüllen, und demselben Ehre machen. Ich glaube nicht, daß er einen stärken innerlichen Beruf zum geistlichen Stand fühlte, als ihn die Seinige dazu bestimmten, und daß es vielleicht Condescendenz gegen seinem Vater oder Mutter war, da er sich zu dem Ordenshabit entschloß. Ich möchte ihn an einem glänzenden Hof die Honneurs machen sehen, da würde er seinen Mann vortreflich stellen. Verstehen Sie mich wohl, dieß sage ich nicht, um ihm zu nahe zu treten. Es ist eine Lust, einen Prälaten des H. Römischen Reichs und regierenden Herrn eines freyen Reichsstifts und Gotteshauses in seiner Person zu verehren. Er zeigt eine Gedenkungsart, mit der sowohl seine Beamte, deren

C 2   er

er verschiedene unter sich hat, als die ihm und seinem Hirtenstabe unterworfene Patres vollkommen zufrieden seyn werden, wenigstens, nach meinem Geschmacke, alle Ursache haben, zufrieden zu seyn. Seine Gesinnung ist nicht Katonisch; und ich denke, wenn er heute mit Tod abgehen sollte, so würde es dem Kloster auf einen neuen Regenten bange seyn. Wenn er ausfährt, so ist es allemal ein Aufzug, der Aufsehen macht. Petrus und alle Mitglieder des apostolischen Collegii zusammengenommen haben nicht den zehnten Theil Staat gemacht, wenn sie sich im Publikum sehen liessen, als ein einziger solcher Reichsprälat, der doch bey allem seinem Splendeur noch weit unter dem — Amtsnachfolger des St. Petrus ist. „Abermal „ an meiner Religion gerüttelt" werden Sie sagen: Uebersehen Sie mir dergleichen kleine Pfiffe: sie kommen aus keinem bösen Herzen. Rütteln ja Leute daran, die ich nicht nennen will, weil sie mir zu groß und zu verehrungswürdig sind, ungeachtet sie sich auch zu Ihrer Religion feyerlich bekennen.

Die

Die Bibliothek des Klosters — Nun da wünschte ich, daß Sie mich kurz und gut dispensirten, Ihnen viel davon zu erzählen. Ich könnte nicht rühmen, daß ich damit nur halb zufrieden wäre. Es geht hier mit den Büchern, wie an den Höfen. Man hält das Ding für Schulfüchserey; und weil der Stifter, Herzog Kunrad von Sachsen, nicht ausdrüklich verordnet hat, daß seine Benediktiner der Litteratur aufhelfen, und sich fleißig in Büchern umsehen sollen, so läßt man's in Elchingen beim Nächsten bewenden. Liebster Freund, das ist nicht fein. Was soll man denn in den Klöstern thun, wenn man es hieran fehlen läßt? Sollen die Patres für sich, und beym Unterricht der Jugend, nur immer an den alten Büchern hangen bleiben, wenn sie bessere neue haben können? Man sollte würklich heut zu Tage nicht zu wohl trauen. Es gibt Leute, die an Ort und Stelle übeln Gebrauch von einer solchen Anekdote machen können. Sie wissen ja, wie sehr man darauf bringt, daß Ordensgeistliche sich durch Gelehrsamkeit hervorthun, widrigenfalls gewärtigen sollen ———
Patres, die sonst Eifer und Trieb zu den Wissen-

senschaften haben, auch keine gemeine Anlage, sie mit erwünschtem Fortgang zu treiben, werden verdrossen, wenn sie sehen, daß man ihnen nicht forthilft. Der Geist des Studierens verliert sich nach und nach, und es ist zu besorgen, daß sie am Ende zum Calliber der Bettelmönchen herabsinken, bey denen es einen Theil ihrer Heiligkeit und Vollkommenheit ausmacht, rechte Idioten zu seyn. Es wäre Schade, Benediktiner, die bisher aller Ehre werth gewesen sind, in einem solchen Verfall zu sehen — Der Büchersammlung in Elchingen fehlt es übrigens an theologischen Werken keineswegs. Sie werden mir nicht zumuthen, Ihnen die Titel nach der Reihe nahmhaft zu machen. Scholastiker und Casuisten, und Kirchenväter, und was weiß ich alles, was mir der Pater Bibliothekar mit einer suffisanten Miene vorsagte, stehen freilich in fürchterlichen zahlreichen Folianten da. Nach den schönen Wissenschaften mochte ich nicht fragen, z. E. etwa nach den Schriften der schönen Geister Deutschlands; ich hätte den Herrn eine Schamröthe abjagen mögen. Der Prälat, als ein Hofmann, mag solche vielleicht besizen. Aber das ist nicht genug;

er

er sollte auch seine Religiosen dazu anhalten, dergleichen Bücher zu lesen. Ausser angenehmen Kenntnissen, die man darinnen sammlen kann: ausser einem guten Ausdruk in der Muttersprache, woran es, wie ich Urkunden davon in der Hand habe, wenn ich damit vorrüken wollte, auch gelehrten Mönchen oft noch sehr fehlt, und zu dem man durch das Lesen solcher Schriften unvermerkt kommt, gewähren sie ja die vernünftigste und angenehmste Gemüths=Ergözung. Aber ich sorge freilich, ich möchte mit diesem meinem Projekt nicht überall wohl ankommen. Ich will das Kloster nicht nennen, in welchem ich die Intoleranz noch ziemlich auf dem Thron antraf, wenn ich schon rühmen muß, daß mir als einem Kezer viele Ehre widerfahren ist. Aus dieser Intoleranz fließt der unnatürliche Abscheu vor allem, was von einem protestantischen Schriftsteller herkommt, wenn er auch noch so gründlich und angenehm schriebe. Nicht in allen Klöstern ist es so. Ich habe in einigen so gar Bücher zum Unterricht der Jugend in den gelehrten Sprachen angetroffen, die von meinen Religions=Verwandten geschrieben waren, und die man mir, ohne Zweifel um mir ein Complunent zu machen, mit unverstellten Lobes-Erhebungen vorwiese. Aber auch gerade das Gegentheil. O Denis, o Mastalier, wie wenige Brüder habt ihr in Schwabens Klöstern! Sie ärgern sich doch nicht, wenn ich Ihnen meinen Saz: daß sich die Herrn Patres auch geflissener in den Werken des Wizes unserer besten Schriftsteller umsehen sollten, um wenigstens einen bessern Ausdruk zu lernen, wenn sie ja etwas unter die Presse geben wollen, mit Auszügen aus zwo Reden beweise, die vor einigen Jahren in — — — und — — — — gehalten, und gedrukt worden sind. Ich traf beyde in diesen Klöstern an, deren Namen ich mit Fleiß verschweige, und war so boshaft, weil ich es unbemerkt thun konnte, und von jeder mehrere Exemplarien — auch den Ort, wo sie lagen, nenne ich nicht, — vorhanden waren, 2 Stücke zu mir zu stecken. Es sind zwo Trauer-Reden auf das Absterben zweyer Prälaten, die eine ist von einem würklichen Prälaten; die andere aber von einem Professor der Gottesgelahrtheit in einer solchen Abbtey gehalten worden. Ich hebe sie zum immerwährenden Angedenken unter den seltenen

Stü

Stücken in meiner Büchersammlung auf. Die Eine hält 7. und die andere 9. Bogen. Ich hätte nicht unter den Zuhörern seyn mögen, wenn sie würklich so gehalten wurden, wie sie gedrukt sind. Ich brauchte 3. Stunden, eine davon nur mit fliegenden Blicken zu lesen. Ich begnüge mich, Ihnen das merkwürdigste daraus in einem kernhaften Auszuge vorzulegen. Der Vortrag bey der ersten heißt: *MoDeſtVs PräLat, eIn neVes LIbsopfer, ſo ſICh ſeLbſt Verzehret.* Die Jahrszahl ist in diesem Thema enthalten. Es verzehrte ihn I. die Liebe gegen Gott, welchen er innbrünstig: II. die Liebe gegen die Bedürftigen, welche er großmüthig: III. die Liebe gegen — — — seine schöne Thamar, die er zärtlich: gegen seine geistliche Herrn Söhne, die er väterlich liebe. Der Vortext, wie das Wort lautet, ist aus dem andern Buch der Könige, Cap. XIII. v. 4. Jonadab sprach zu ihm: Warum wirst du, o Sohn des Königs, von Tag zu Tag so mager? warum gibst du mirs nicht zu erkennen? Und Amnon sprach zu ihm: **Ich liebe.** Die Abhandlung hebt so an: „Dem Ausspruche der Schu-

„len- und Geist-Lehrer gemäß ist die eingegos-
„sene Liebe eine übernatürliche Zärtlichkeit, wel-
„che den Willen fertig macht, daß er Gott
„wohl wolle, gegen Gott. Diese übernatür-
„liche Zärtlichkeit oder gute Neigung hat ihren
„Geburtsort in der Taufe. Nachdem sie von
„dem Geiste, der Liebe gebohren worden, muß
„sie anfangs, (wie der grosse Hypponenser
„will) ernähret, sodenn gestärket und endlich
„vollkommen werden, gleichwie die Vernunft in
„einem Kinde, welche nicht sogleich in voller
„Maaße ihre Würkungen erhält: eben so muß
„die Liebe nach und nach ernähret werden, da-
„mit sie grosse Dinge würken, und zur Inn-
„brunst gelangen kann." Der Redner erzählt
nun die Lebens-Umstände seines Helden, und
preiset seine rühmliche Eigenschaften. Ich strei-
che hier nur folgende Stelle an: „Ob den
„ärgerlichen Zotten und Possen eckelte ihm,
„wie einem verderbten Magen an den
„niedlichsten Speisen; die unflätigen Zun-
„gen verabscheute er so sehr, daß sich
„keiner in seiner Gegenwart mit unehrba-
„ren Scherzreden auszuschweifen getrau-
„te." Den Beschluß der Rede macht die
freu-

freudenvolle Nachricht von der Erwählung eines neuen Abbts, an dem das verwaißte Gottes haus einen milden, klugen und hauswirthschaftlichen Regenten, sämtliche Unterthanen aber einen großmüthigen freygebigen Nothelfer der Armen, mit Einem Wort, einen solchen Vorsteher haben werden, der dem, den man bisher beweinet habe, in allem gleich seyn werde. Bey der andern Rede will ich kürzer seyn. Der Text ist aus 5. Buch Mos. Cap. 34. vv. 5. 8. Und es ist gestorben Moses der Diener des Herrn, auf Befehl des Herrn; und die Kinder Israel haben ihn dreyßig Tage beweinet. Vortrag: Der hochseelige Abbt und Reichs-Prälat — — — ein wahrer Diener des Herrn: I. wegen seiner Gottesfurcht im ganzen Leben: II. wegen seiner christlichen Klugheit in abbteylicher Würde: III. wegen seiner unüberwindlichen Gedult in Krankheit und Tod. „Folglich ist
„Er der Thränen, seiner verwaißten Kindern
„wohl würdig: und zwar der Thränen des
„Herzenleides, weil sie ihn verloren; und der
„Thränen der Freude, weil er in seinem wür-
„digsten

„bigsten Nachfolger aufgelebt, und schon würk„lich eingegangen in die Freude seines Herrn." Diese drey Theile werden stattlich ausgeführt; es wird angezeigt, wenn er die erste Messe gelesen, und hernach wie er in der Stiftskirche zu beeden Seiten des Fronaltars zur Ehre der wunderthätigen Heiligen, Franciscus Xaverius und Johannes von Nepomuk zween künstliche und zierliche Opfertische errichtet habe. Er rühmt dem Hochseeligen auch nach, wie er den anscheinenden Widerspruch zwischen der Hausklugheit und der Lehre des Evangeliums so fein zu heben gewußt habe. „Seine Hausklug„heit, sagt er, war christlich: sie konnte also „dem Evangelium nicht widersprechen: ein „Hauswirth, der für Morgen sorgen wolle „und müsse, könne sorgen, ohne das Evange„lium zu verlezen, wenn er einzig für die Ar„men sorge: er könne alle Sorgen für Mor„gen sicher an den Nagel hängen, wenn er „allein sorgen, wie er den kummervollen Sor„gen der Armen abhelfe." Und nun der Beschluß! Da zeigt sich der Redner auch als Dichter:

Gottesfürchtig, klug, geduldig warest — — allezeit;
Derohalben einen Diener ich dich nannt des Herren heut.
Niemand zweifelt an dem Lohn: wo der Herr, die Diener stehen;
Von der Erd dich schaue schon in die Freud des Herren gehen, Amen.

Die Kritik über diese Proben der Beredsamkeit aus zwey berühmten Gotteshäusern in Schwaben schenken Sie mir, dächte ich: ich möchte meine Laune allzusehr ausschweifen lassen. Das werden Sie mir aber doch einräumen: wenn diese Herren nur den Fleschier lesen und sich nach ihm bilden möchten, den man ja auch deutsch haben kann, und der von ihrer Kirche war! Ich wollte ihnen gern nicht mehr zumuthen, daß sie Protestanten zur Hand nehmen sollten, so würde doch geschmakvollere Arbeit herauskommen, als diese ist. Zu noch einer Bemerkung haben mir diese zwo Reden Anlaß gegeben. Die Eltern dieser Aebbte werden nirgends genennt. Ich vermuthe fast, das seye geschehen, um ihres Standes zu schonen. Das Glück erhebt manchen Pater unvermuthet auf den abbteylichen Thron, wie sich einer dieser

zween

zween Redner ausbrukt, der, wenn er nicht den Mönchsstand gewählet hätte, im Staube geblieben wäre. Auf dieser meiner Reise trug es sich zu, daß ich in einem schlechten Dorfe übernachtete. Die Wirthin, eine blosse Bäurin, frug mich, wo ich hinwollte. In die Gotteshäuser, die hier herum sind, war die Antwort. Nun, sprach sie, da werdet ihr in ——— den gnädigen Herrn, meinen Sohn, auch zu sehen bekommen, der erst vor ein paar Jahren zum Prälaten erwählt worden ist. Ihr könnet ihm einen Gruß von meinetwegen ausrichten. Ich versprach ihr solches, und bat um nachdrükliche Empfehlung bey ihm, wenn mich das Glük nach ——— führen würde. „Ey,
„sagte sie, das brauchet Ihr nicht von einem
„so schlechten Weib, als ich bin: er ist ein
„guter Herr, der gegen jedermann gnädig ist.
„Der heilige Nepomuk soll mir nie vergessen.
„Ich habe nie kein Kind davon gebracht: da
„gelobte ich ihm, wenn ich wieder schwanger
„würde, und einen Sohn bekäme, ihn ins
„Kloster zu thun. Wie gesagt, so geschehen!
„Ich bekam einen schönen gesunden Buben, der
„fleißig lernte, gern betete, schon im eilften
„Jahr

„Jahr lesen konnte, und dem nichts über die
„Mutter Gottes und über die Bildlein der Hei-
„ligen war. Er mußte mir immer das Bild
„des heiligen Nepomuks in der Tasche tra-
„gen; ich nähte es ihm auch so gar in die
„Schlafhaube, daß er fein bey Tag und Nacht
„nicht ohne ihn wäre. Mein Fränz, (so
„hieß ihr Mann) wollte zwar einen Bauren
„aus ihm machen: was geht mich der Ne-
„pomuk an, sagte er, ich habe nur Einen
„Buben, und der muß werden, was sein Va-
„ter ist; wo willt du Geld hernehmen, daß der
„Bub dem Studium obliegen kann? Es ko-
„stet zu viel, und wenn er ein Pfaffe ist, so
„habe ich nichts von ihm, als daß er sich mei-
„ner und deiner schämt, so bald er die erste
„Messe gelesen hat. Geht er ins Kloster, so
„krigt das sein Erbgut, und unser Stamm
„stirbt ab, weil er nicht weiben darf. Es
„mußte auf meinen Kopf hinaus, der Mann
„mochte grißgrammen, wie er wollte. Die
„geistliche Herren, die ins Haus kamen, sahen
„den Buben, kneipten ihn vor Liebe in den
„Backen, frugen ihn aus dem Verstand; und
„weil sie merkten, daß er verschlagen war, lie-
ßen

„sen sie nicht nach, bis sie ihn hatten. Opfert,
„sagten sie, gutes Weib, euer einiges Kind
„der Mutter Gottes auf, so werdet ihr Seegen
„in eurem Haus haben. Sie nahmen ihn
„hin, und jezt habe ich in meinem Alter die Ehre
„erlebt, daß er Prälat ist." Sie weinte vor
Freuden, und das Schluchzen stieß ihr fast das
Herz ab. Ich mußte Ihnen diese kleine Geschichte erzählen, die, so wenig das einfältige Bauerweib sich fein genug ausdrücken konnte, doch immer lehrreich ist. Ich habe diesen Herrn genau besehen, da ich nach ——— kam, und nicht die mindeste Spur von seiner niedrigen Geburt an ihm entdecken können. Gelehrsamkeit, Verdienste, edle Gesinnungen haben ihn erhoben: und ich halte das für besonder rühmlich an ihm, daß er sich seiner Eltern bey weitem nicht schämt, sondern sie je und je besucht, und wenn sie zu ihm in seine Abbtey kommen, sie mit Anstand und Ehrerbietung behandelt.

Die Wahlen in den Gotteshäusern zum Abbt sind, wie ich mir erzählen ließe, ganz frey. Nur selten mischen sich Nebenabsichten mit ein, daher mag es kommen, daß oft auch Personen von gerin-

geringer Herkunft so glüklich sind, die meisten Stimmen zu erhalten. Vermuthlich läßt es der Prälat nachher auch diejenige in mancherley Betracht geniessen, die das meiste zu seiner Wahl beygetragen, oder wenn sich Parthien hervorthun wollten, den Ausschlag gegeben haben.

Von Elchingen trieb mich eine kleine Unpäßlichkeit nach Ulm zurük, wo ich ein paar Tage, ohne meinen Besuch in den Klöstern fortsezen zu können, still liegen mußte. Keine Viertel-Meile von dieser Stadt gegen den Gränzen des Herzogthums Würtemberg zu ist ein Nonnenkloster in einem Dorf, das den Nonnen gehört: der Name ist mir entfallen. Es sind Karthäuserinnen vom Orden der h. Klara, die eine ausserordentliche strenge Regel haben. Da den Mannspersonen der Zugang nicht verstattet wird, so begnügte ich mich, das Kloster von aussen anzusehen. Ich würde auch würklich in dem inneren desselbigen nichts merkwürdiges angetroffen haben. Das Gebäude sieht nicht unfein aus, und die Lage ist angenehm. Vor ein paar Jahren wurde die Aebtißin daselbst ihrer Würde entsezt. Die wahre Ursachen davon werden wohl nicht zu jedermanns Kundschaft kommen. Solchen Klöstern gebe ich einmal keine Pardon, wenn ich ihnen zu befehlen hätte. Was sollen Karthäuser, männlichen und weiblichen Geschlechts, der Welt nüzen, da sie fürwahr sich selbst nicht nüze sind? Je weniger sie reden, desto mehr unnüzes denken sie: und ihr beschauliches Leben ist unfehlbar noch schlimmer, als der Müßiggang mancher sogenannten Weltkinder, weil diese doch bey ihren Ergözlichkeiten Geld ausgeben, und andere Nebenmenschen etwas verdienen lassen. Sie wissen, was der Kaiser diesen Orden, z. E. den Karthäusern, den Kamaldulensern, und andern, seit einem Jahre, gedroht und auch bereits zum Theil exequirt hat. Weiser kann nichts seyn, wenn man die Sache an und für sich selbst betrachtet. Aber ich wäre begierig zu wissen, ob das Projekt in der That ausführbar sey, und ob man nicht bey der Vollziehung unüberwindliche Schwierigkeiten gefunden habe? Was soll man denn um alles in der Welt mit so ganz unbrauchbaren, und zu allem guten untüchtigen Geschöpfen, als die beschauliche Mönche und Nonnen sind, in der menschlichen Gesellschaft anfan-

anfangen? Vom frühen Morgen bis in die späte Nacht hinein nichts thun, als die Hände falten, oder auf den Knien liegen, oder seufzen, oder gen Himmel schauen, oder die Augen Stundenweise auf ein Krucifix, oder auf das Bild eines Heiligen hinheften, oder sich auf die Erde hinwerfen, und sich des Anschauens gen Himmel unwürdig achten — so stelle ich mir wenigstens das beschauliche Leben vor, und wenn es das nicht ist, so weiß ich nicht, was ich für einen Begriff davon haben soll — wenn einer diß einige Jahre getrieben hat, so wird ers endlich gewohnt, und es ist nicht abzusehen, wie er wieder zu etwas anderem in der Welt brauchbar werden soll? Lieber liesse man die guten Leute in ihren heiligen Wohnungen absterben, ausser etwa solche, die erst kurz das Gelübde abgelegt haben, und verböte keine Mönche und Nonnen mehr in solche Klöster aufzunehmen, damit die Race nach und nach aufhörte. — Doch, wo verfalle ich hin? das Nonnenkloster bey Ulm hat mich so weit abwegs geführt: Ich bitte um Vergebung, und verspreche Ihnen in Zukunft mit dergleichen Betrachtungen nicht mehr beschwerlich zu fallen. Ich gäbe keine

Beschaulichkeits-Mönchen ab. Der Umgang mit den Menschen, die Gott deßwegen auf die Erde gesezt hat, daß sie miteinander umgehen, und einer dem andern die Mühseligkeiten dieses Lebens, an denen es doch niemand, wenn er auch noch so vergnügte Tage hat, fehlt, versüssen sollen, ist mir lieber. In den Reichs-Prälaturen, die ich besucht habe, hält man mehr auf ein thätiges Leben, als auf die Beschaulichkeit. Machen Sie sich auf unterhaltende Beobachtungen gefaßt, die ich Ihnen in meinem nächsten Briefe vorlegen werde. Merken Sie wohl, ich beschreibe Ihnen meine Reise nicht gerade in der Ordnung, wie ich sie gemacht habe. Ich kann mich der eigentlichen Route nicht mehr so pünktlich erinnern; und in meiner Schreibtafel vergaß ich es, anzumerken. Wenn Ihnen der gegenwärtige Brief nicht lang genug gewesen ist, so will ich den Fehler im nächst folgenden gut machen. Ich bin mit zärtlicher Hochachtung ꝛc.

III. Brief.

III. Brief.

Die Reichs-Abbtey Kaisersheim, mit der ich den Anfang meines gegenwärtigen Briefs mache, hat eine solche Lage, daß sich Bayern und Schwaben darum zanken könnten, zu welchem Krais sie zu rechnen sey. Der Streit wäre aber bald entschieden, wenn einer darüber entstehen sollte. Sie liegt zwar im Herzogthume Neuburg, nicht weit von Donauwerth, also in Bayern, gehört aber doch zum schwäbischen Kraise, zu dem sie sich als Bayern vor etlich und zwanzig Jahren Ansprach an sie machen, und sie zu einem Beytrag zur Kraismannschaft anhalten wollte, feyerlich bekannte. In der That Schwaben hat Ehre von dieser Reichs-Prälatur. Lieber würde der Krais 3. duzend andere Klöster missen dörfen, als dieses einzige Gotteshaus. Es ist zwar nicht Benediktiner-Ordens, wie Sie aus diesem vortheilhaften Eingang zur Beschreibung desselben allerdings schliessen möchten. Ich bin aber auch für

Einen

Einen Orden allein nicht so eingenommen, daß ich andern zu viel geschehen liesse. Ein Graf von Lechsgemund stiftete es im zwölften Jahrhunderte, und widmete es dem Orden der Cistercienser. Das muß ein ausserordentlich gottseliger und andächtiger Herr gewesen seyn! Gerade um diese Zeit war dieser Orden vor allen andern im grösten Geruch der Heiligkeit, in ordore Sanctitatis, wie der feine kirchliche Ausdruk heißt, der mich allemal vergnügt, so oft ich ihn höre. Er wollte also lauter ungemein gottsfürchtige Mönche haben. Ausser dem verordnete er, daß niemand anders, als der **Jungfrauen Sohn** der eigentliche Schuzherr dieses seines neuerrichteten Gotteshauses seyn sollte. Es blieb aber doch nicht bey dieser Verordnung. Die Kaiser Rudolph und Ludwig aus Bayern, und Stephan, Pfalzgraf bey Rhein und Herzog in Bayern, glaubten, dieser oberste Schirmsvogt möchte doch einen sichtbaren Subdelegatum nöthig haben, und nahmen sich dieses Geschäftes an. Ohne Zweifel durften sie die Mühe nicht umsonst übernehmen, sonst wären sie nicht so willig dazu gewesen. Diese Nachrichten habe ich mir von den HHerrn

Pa=

Patribus mittheilen lassen, mit denen ich, die Wahrheit zu sagen, äusserst zufrieden war. So stattlich die Klostergebäude sind, die man nicht ohne Verwunderung ansehen kann, so entzükte mich doch die innere Verfassung des Klosters noch weit mehr. Ich traf in demselbigen Ordensgeistliche an, die ihrem ehrwürdigen Stand und wichtigen Bestimmung wahrhaftig Ehre machen. Sie nahmen mich auf das leutseligste und verbindlichste auf, wiesen mir alles merkwürdige mit der grösten Willigkeit, und unterhielten mich mit einem so gefälligen Wesen, daß ich Mühe hatte, mich von ihnen loszureissen. Der Herr Prälat bekleidete ausser seiner abbteylichen Würde noch andere ansehnliche Aemter. Und wenn er auch nur die Titel davon führt, so ist es ein Beweiß, in welchem Kredit und Ansehen er stehe. Er ist Ihro römisch kaiserliche Majestät Rath und Erbkaplan, des Churfürsten von Pfalz-Bayern würklicher geheimer Rath; und bey der Churfürstin hat er das Amt eines Großallmosen-Pflegers des hohen St. Elisabeth-Ordens. Ausser dem ist er des exemten Ordens von Cisterz Vicarius Generalis durch Ober-Deutschland.

Er

Er steht nun seiner Abbtey 11. Jahr vor, und erhielt schon in dem 45sten Jahr seines Alters diese ansehnliche Würde, die ihm nur boßhafte Neider mißgönnen. Nehmen Sie es nicht übel, daß ich mich bey den persönlichen Umständen dieses Herrn so lang aufhalte. An Personen, die man aufrichtig verehrt, und hochschäzt, ist einem alles merkwürdig. Ich möchte gern immer noch mehr von diesem würdigen Prälaten anführen, wenn ich nicht Weitläufigkeit fürchtete, so sehr bin ich für ihn eingenommen. Klagen Sie mich noch mehr an, daß ich in meiner Religion bigot und nicht tolerant sey. Ich werde niemal katholisch werden, darauf gebe ich ihnen mein Wort. Das hindert mich aber nicht, Verdiensten, wo ich solche finde, die Religion der Personen, die ich kennen zu lernen, das Glük habe, mag seyn, welche sie will, alle Gerechtigkeit wiederfahren zu lassen. Lernen Sie hierinn von mir, Freund: Sie sind doch allezeit ein wenig parteyisch für Ihre Glaubensgenossen, und ich dürfte Ihnen wohl nicht vorschlagen, protestantische Universitäten oder Höfe zu besuchen, und sich daselbst mit den Lehrern der Gottesgelahrheit oder mit

den

den Consistorialräthen und Hofpredigern bekannt
zu machen, wie Sie mir die katholische Klöster vorgeschlagen haben — Dieser Abbt liebet
Pracht, er ist auch befugt, hierinn ein übriges
zu thun. Andere Bedürfnisse leiden keineswegs
darunter: warum sollte man es ihm also zur
Sünde machen wollen? Er beobachtet aber
darinn den besten Geschmak, und zeigt, daß er
mit Anstand Aufwand zu machen wisse. Unter seinen Ausgaben ist eine der beträchtlichsten,
was er auf Reisen verwendet. Das ist der
Punkt, über den er bey Misgünstigen leiden
muß. Allein er ist ruhig dabey. Das Kloster
vermag die Unkosten; und er weiß es auf andere Art wieder hereinzubringen. Ausser dem
macht er nicht bloß Reisen zum Vergnügen: sie
haben immer einen edlen Zwek, z. E. mit Gelehrten und andern Personen von edlem Charakter
Bekanntschaften zu errichten, Bibliotheken ein-
zusehen, neue Bücher kennen zu lernen, für
das Beste seines Gotteshauses zu sorgen, u. d. gl.
Was ich vorzüglich an ihm bewundere und
hochschäze, ist seine Liebe zur Litteratur. Der
Naturgeschichte schenkt er hauptsächlich seine
Neigung, und man darf nur die Bibliothek

ansehen, um hievon überzeugt zu werden. Er schaft in diesem Fache die prächtigste Werke an. Wollen Sie noch unwillig seyn, daß er schöne Summen auf Reisen verwendet, wenn er der Bibliothek dadurch nichts abgehen läßt? Seine HHerrn Patres lieben und ehren ihn deßwegen innigst. Sie haben manche vergnügte Stunde, die sie nicht haben würden, wenn er in der Gelehrsamkeit blos ein Freund der alten Scholastiker, der Summisten, Casuisten und anderer Isten mehr wäre. Ein Reaumur, Rösel, Leuwenhök, gelten mehr bey ihm, als ein Abälardus, Lombardus, Duas Scotus, Bonaventura und die Schaaren von seraphischen und englischen Lehrern, denen er zwar ihren Werth läßt, aber nicht glaubt, daß alle Weisheit allein bey ihnen zu suchen sey. — Ich hatte auch Gelegenheit, mit einigen der weltlichen Beamten dieses Gotteshauses bekannt zu werden. Der erste Rath und Kanzler, Herr von Sesel, nahm mich eben so sehr zu seinem Vortheil ein, als die meiste Paters, und ich verwunderte mich nun nicht mehr, daß er das Vertrauen des Herrn Reichs-Prälaten ganz besizt. Man darf ihn nur sehen, und eine Viertelstunde spre-

chen

chen, um ihn lieb zu gewinnen und hochzuschätzen. Er würde an dem glänzendsten Hofe seine Rolle spielen. Mit diesen Eigenschaften verbindet er den Ruhm eines Gelehrten und Bücherliebhabers. Seine Bibliothek darf sich sehen lassen, und ich wette, man trift in manchem Kloster, dessen Einkünfte eine zehnmal stärkere Sammlung zuliessen, keine solche Wahl von Büchern an, als sich dieser liebenswürdige Mann beygelegt hat. Sie können sich vorstellen, daß mir die Zeit bey einer solchen Gesellschaft nicht lang wurde. Ich fürchtete nur, die Gütigkeit derer, die mich so menschenfreundlich aufgenommen hatten, zu mißbrauchen, sonst würde ich meinen Aufenthalt noch länger haben währen lassen. Unverstelltes Wohlwollen und ein ungezwungenes Betragen fesselte mich so sehr an Kaisersheim, daß ich es nicht so bald vergessen werde. Endlich mußte ich mir Gewalt anthun, Abschied zu nehmen. Ich empfahl mich der Gewogenheit des Herrn Prälaten mit gerührtem Herzen, und bezeugte ihm, daß ich das Glük meines Lebens nicht höher zubringen wünschte, als wenn ich die Ehre haben könnte, ihm auf meinen Gütern in Mek-

len-

lenburg meine Devotion zu bezeugen. "Sie sind sehr gütig, versezte er, man muß mich bey Ihnen verrathen haben, daß ich gerne reise. Aber die besten Tage meines Lebens sind dahin. Gedenken Sie meiner und meiner Abtey in der Entfernung freundschaftlich, und kommen Sie bald wieder." Ich hatte da meine Rechnung so gut gefunden, daß mir auf ein ander Kloster bange wurde, in welchem ich es etwa nicht so antreffen möchte. Ich muß hier schliessen: der Schlaf übernimmt mich, den ich nicht abweisen will; ich hoffe, es soll mir diese Nacht von Kaisersheim träumen. Leben Sie wohl.

IV. Brief.

IV. Brief.

Das werden Sie doch nicht glauben, daß ich geraden Wegs von Kaisersheim nach Wettenhausen gegangen sey, weil ich Sie mit Erzählungen vom nächsten Kloster in diesem Brief zu unterhalten gedenke? Inzwischen wäre die Sache so abgeschmakt nicht. Von Kaisersheim kommt man unterwegs nach Wettenhausen in kein Kloster. Es hat aber seine gute Ursachen, warum ich diese zwey unmittelbar auf einander folgen lasse. Sie werden solche zu seiner Zeit selbst errathen. So berühmt dieses Chorherrenstift und Augustiner-Abbtey auch ist, so ist doch das Gebiet derselben nicht gar groß. Die Kamlach, ein mäßiger Fluß, strömt mitten durch daßelbige, und theilt es beynahe in zween gleiche Theile. Sie gehört zum Kirchensprengel des Bischoffs von Augspurg, und liegt mitten in der Marggraffschaft Burgau. Der Herr Abbt ist also ein naher Nachbar des Kaisers, daher mag es

kom-

kommen, daß er den Charakter eines Raths von Sr. Kaiserl. Majestät führt. Das Gotteshaus kann sich eines hohen Alters rühmen, denn es ist nun gerade 900. Jahre, daß es gestiftet ist. Zween Grafen von Rochenstein, Kunrad und Werner, haben ihren Namen dadurch verewiget. Das waren ohne Zweifel ein paar sehr gehorsame Söhne, weil sie ihrer Frau Mutter Gertrud, die ihnen den Antrag zu diesem heiligen Werke machte, so bald zu Willen wurden. Vielleicht war sie in Gemeinschaft ihrer Herrn Söhne froh, des Manns und Vaters los zu seyn. Wer weiß, was oft für geheime Triebfedern bey einem solchen Vermächtniß ad pias causas würkten? Schade, daß man dißfalls aus Mangel der Urkunden auf keinen gewissen Grund kommen kann. Die wahre Herzens-Meinung der Stifter steht wohl nicht allemal oder selten im Fundations-Brief ausgedrükt: Die Nachkommenschaft möchte sonst nicht zu milde davon denken. „Was das aber= „mal für lieblose Urtheile sind!" höre ich Sie sagen. „Nein nichts als Gottesfurcht, und „Andacht, und Sorge für das Seelenheil, sind „die Quellen solcher Stiftungen. Freylich in

„uns

„unsern Tagen, da Freygeisterey alles über-
„schwemmt, und die Liebe in den Herzen der
„Menschen erkaltet ist, darf man von keinen
„Fürsten und Grafen mehr erwarten, daß sie
„Gotteshäuser stiften." Warum denn noch
mehrere? Es ist eher Ueberfluß daran, als
Mangel. Es ist Ehre und Dankes genug für
die Stifter der vorhandenen, daß man ihr Angedenken segnet, und ihnen für ihre der Kirche
erwiesene Wohlthaten Lohn, reichen Lohn in der
Ewigkeit wünscht. Nachahmer bedürfen sie keine. Häuser für verdiente Soldaten und Officiere,
die in den Diensten des Staats ihre gesunde
und gerade Glieder eingebüßt haben, oder wenigstens unter den Waffen grau geworden sind,
sollte man heut zu Tage bauen. Ehmal, da
es noch keine stehende Armeen gab, stiftete man
Gotteshäuser: das that selbst ein mancher Feld-
herr, der seine im Krieg gemachte Beute oft
dardurch heiligen und den etwa von den Seuf-
zern und Thränen der geplünderten herrührenden
und darauf ruhenden Fluch damit wegwischen
wollte. Nun wäre es Zeit, für solche Gebäude
zu sorgen. Man könnte sie wahrlich auch Gotteshäuser nennen. Aber woher die Intraden
dazu?

dazu? O dafür wäre mir nicht leid. Ich kenne Reichsprälaten, die so großmüthig wären, von ihrem Ueberfluß etwas abzugeben, und sollte es auch nur der dritte Theil ihrer jährlichen Einkünfte seyn. Das würden sie kaum spüren: sie dörften sich weder an der Tafel, noch in der Equipage, nach an Vermehrung der Bibliothek etwas abgehen lassen. An solchen Kleinigkeiten hängt ihr Herz nicht. — Der Herr Prälat von Werrenhausen ist ein würdiger Greiß, der nahe bey siebzig ist, dessen Jahre aber bey seiner sehr regelmäßigen Lebensart noch weit höher steigen können. Er ist ein wahrer Vater seines Klosters, den man zu seiner Zeit ungern vermissen wird. Er versteht die Wirthschaft gut, und sein Amts-Nachfolger wird seine Asche segnen, daß er ihm die Oekonomie in so erwünschtem Zustand zurükgelassen hat. Die Tafel im Kloster ist vortreflich. Ich führe diesen Umstand mit Bedacht an, damit Sie von dem, was ich von den Einsichten des Herrn Reichsprälaten in die Oekonomie und von seiner Art hierinn zu handeln, so eben gesagt habe, keinen übeln Gebrauch machen, und mich wohl gar der Medisance bezüchtigen. Nein, so undankbar bin ich nicht. Ich wurde so bewirthet

wirthet, daß ich meine vaterländische Kost, die, wie Sie wissen, doch nicht zu verachten ist, wohl darüber vergessen könnte. Besonders trift man in diesen heiligen Wohnungen die auserlesensten Weine an. Meinen Beyfall gebe ich besonders den Nekarweinen, die aus dem Herzogthum Würtemberg herbeygeführt werden. Die Einwohner dieses Landes sehen es gar gerne, wenn sich die Gotteshäuser in Schwaben an sie wenden. Beyde Theile finden dabey ihre Rechnung. Die Würtemberger bekommen gute Bezahlung, und die Klöster werden mit Waare versehen, die ihres gleichen in Deutschland sucht. In den Gasthöfen, je näher ich Schwaben kam, desto besser fand ich mich in diesem Artikel berathen. Die Biere kommen denen im nördlichen Deutschland freylich nicht gleich. Aber wenn guter Nekarwein vorgesezt wird, den man immer antrift, so wird man für jenes zu seinem Vergnügen schadlos gehalten. Bey dieser Gelegenheit muß ich Ihnen eine artige Methode erzählen, die, wie ich auf meiner Reise erfahren habe, in einem gewissen Reichs=Kloster in Schwaben beobachtet wird, wenn man von einerley Wein, wenn er einmal auf der Axe angekommen ist, zweyerley Sorten, vortreflichen und geringen, erhalten will. Diese Herrn Patres lassen ihn in dem Würtembergischen, und zwar immer von der besten Klasse, nicht nur von guten Jahrgängen, sondern auch aus den edelsten Gegenden, holen. Der Unterschied hierinn ist groß. Es giebt Nekarweine, die so schlecht sind, als wenn sie in Norwegen gewachsen wären: aber auch so angenehme und feurige, daß Kenner solche dem Rheinwein nicht weit nachsezen. Sie kaufen ihn auch nicht, so lang er noch neu ist; sondern erst, wenn er mehrere Jahre gelegen hat. Alsdenn wird er, wenn es sich nur thun läßt, in strenger Winterkälte herbeygeführt, und nicht bälder eingekellert, als bis er sehr gefroren ist. Der Geist im Wein bleibt natürlicher Weise immer flüßig: Dieser wird abgezapft, und kommt auf die Tafel der Herrn Patrum. Stellen Sie sich vor, was das für ein Getränk seyn muß, wenn das wässerichte das im Wein ist, auf diese Weise davon geschieden wird? Das übrige läßt man nach und nach aufthauen, und denn hat man Wein für geringere Personen, Gesinde, und dergleichen. Lachen Sie mich mit dieser Bemerkung nicht aus, sie ist gegründet: ich könnte Ihnen das Kloster nennen.

In Wettenhausen hörte ich auch treflihe Musik. Dieser Zeitvertreib gefällt mir: er ist doch anständiger für Geistliche, als gewisse Spiele, wobey weder die Sinnen, noch das Gemüth Nahrung findet. Meine Zeit war übrigens als ich hier war, so sehr eingeschränkt, daß ich mich kaum im Kloster umsehen konnte. Die Bestellung zu meiner Abreise war bereits unwiderruflich festgesezt, weil mich ein alter Freund und Bekannter, den seine Geschäfte in diese Gegend brachten, auf den Nachmittag, da ich kaum 3. Stunden vorher hier angekommen war, nach Rozgenburg beschieden, und mir Nachricht gegeben hatte, daß er sich unmöglich länger, als eine Stunde daselbst aufhalten könnte. Ich sahe mich genöthiget, meine Abreise ausserordentlich zu beschleunigen, weil es doch ein paar Meilen dahin sind. Zum Glük traf ich ihn noch an. Aber nach Verfluß einer halben Stunde reiste er wieder ab, und ich verfügte mich also ohne Verzug in die Abbtey. Die Lage des Klosters ist anmuthig: der Fluß Günz ist nicht weit davon. Ehmal war es eine Pröbstey von ihrer Stiftung an, die im zwölften Jahrhundert zu suchen ist, und wurde erst vor 390. Jahren zu einer Abbtey erhoben. Die Stadt Ulm hat die Ehre der Schirms = und Schuzherr dieses Klosters zu seyn. Die Wirthschaft war ehmal nicht die beste. Es wurden vor bald 200. Jahren unterschiedene Dörfer, Höfe, Güter und Zehnten veräussert, die wohl vor dem jüngsten Tage nicht mehr zu diesem Kloster kommen werden, dem ungeachtet fehlt es ihm noch auf diese Stunde nicht an ganz ansehnlichen Einkünften. Das Gebiet hat schöne Waldungen und einige Dörfer. Die Patres sind Prämonstratenser=Ordens. Diese erkennen, wie Sie wissen, da Ihnen an diesen kirchlichen Nachrichten als einem Römischkatholischen Glaubigen, viel gelegen seyn muß, die Stadt Premontre in dem Gouvernement Isle de France in Frankreich, als ihren geistlichen Geburtsort, und den heiligen Norbert für ihren Vater. Das war ein strenger Mann, und ich glaube, er war ein Freund der Scholastik. Diß ist vielleicht ein grober Verstoß in der Zeitrechnung: ich kann aber das, was ich in Roggenburg vorgefunden habe, nicht besser reimen, als wenn ich jenen Saz annehme. Ich lernte den Herrn Prälaten auch kennen, fand ihn aber als einen eifrigen

gen Katholiken, der die Kezer mit sonderbaren Blicken beschaut. Die Freymüthigkeit, die mir sonst eigen ist, wurde durch diese Beobachtung sehr eingeschränkt. Ich fühlte, daß ich nicht in Wettenhausen oder Kaisersheim war, wo ich mit gelößter Zunge sprechen durfte. Er ist ein Schriftsteller, wie mir einer von den Patribus zu verstehen gab: Ich bekam aber keine von seinen Schriften zu Gesichte. Ich muß mich sehr betrügen, oder es sind lauter polemische Werke: antilutherische und antikalvinische gelehrte Fechtereyen. Nach meiner Abreise aus diesem Kloster vernahm ich, daß sie in der gelehrten Welt nicht viel Aufsehen machen. Diß ist der erste Reichsprälat, der mir als Auktor bekannt worden ist. Ob man bey der Wahl zum Abbt Ruksicht auf dieses Verdienst nimmt, habe ich nicht gehört. Die Bibliothek des Klosters ist ansehnlich, mit Kirchenvätern, Scholastikern, Casuisten und andern dergleichen Skribenten reichlich versehen. Weil aber heut zu Tage keine Kirchenväter mehr herauskommen, und die Scholastiker auch ziemlich verrufen sind, sich wenigstens nicht überall kek an das Tageslicht wagen dörfen, so steht die Vermehrung dieses Bücherschazes stille: Von Protestantischen findet man, wie ich versichert worden bin, gar nichts darinne. Roggenburg müßte mir, wenn ich zu befehlen hätte, ein ansehnliches, und doppelt so viel, als ein anderes Gotteshaus, zu einem Invaliden=Hospital beytragen. Warum häuffen sie Schäze auf, die nur der jüngste Tag dereinst verzehren wird: und befördern die vernünftige von der Scholastik gereinigte Gelehrsamkeit nicht durch den Ankauf dienlicher Bücher? Mehreren unter den Patribus merkte ich es doch an, daß sie es anders wünschten. Was ist aber zu thun, wenn der Prälat nicht mit seinem Beyspiele vorangeht? Nun werden Sie die Stelle in meinem lezten Brief, da ich von Kaisersheim sprach, schon verstehen: Nicht wahr? Es ist nicht ein Tag wie der andere. Unser Vergnügen muß immer auch durch ein wenig Unlust, die sich unverhoft darein menget, gemäßigt, und uns ein hierauf abermal folgendes Vergnügen wieder desto schmakhafter werden. Deutlicher darf ich mich nicht erklären. Ich bin ununterbrochen ꝛc.

V. Brief.

V. Brief.

Wenn man in diesen Gegenden von Schwaben reißt, so kann man oft in Einem Tage mehr als Eines Herren Land betreten. Ich gieng von Roggenburg nach Ochsenhausen, auch eine Reichsabbtey. Ich kann es nicht mehr zählen, wie vielerley Gebiet ich durchpaßirte, wenn mich anders die vorübergehende, die mein Kutscher befragte, nicht aus Muthwillen oder Unwissenheit unrecht berichtet haben. Ich kam durch die Bischöfl. Augsburgische, Hochgräflich Juggerische, Oetingische, Ulmische, und weiß nicht, was für Lande noch mehr; und der ganze Strich wird doch nicht viel über 3 — höchstens 4. Meilen betragen. Von Landstreichern und gefährlichen Reisenden wurde ich nicht angefochten, wie man mir vorher hatte weis machen wollen, wenn ich nach Ober-Schwaben käme. Daß es würklich an solchen lieben Leuten hier zu Lande nicht fehle, davon wurde ich in einem Städtchen, wo ich frische Pferde nahm, überzeugt. Es wurde ein junger Kerl der Schwäbischen Kreislande verwiesen, und eine Urphed, wie es die Advocaten nennen, von ihm abgeschworen, daß er in seinem Leben nicht mehr hieher kommen wollte, sonst würde ihm der Strik zu Theil werden. Das kam mir doch ein wenig sonderbar vor. Die Schwaben schicken andern Kraisen ihre Spizbuben zu, eben als ob sie überall, nur nicht in Schwaben seyn, und ihr löbliches Handwerk treiben dürften, und als ob es weniger Moralität hätte, jenseit als disseit des Rheins ein Landstreicher zu seyn. Wenn man solche Leute schlechterdings in ihre Heimath verwiese, so hätte ich dawider nichts. Aber manche haben keine: und wer will gut dafür seyn, daß sie den obrigkeitlichen Befehl befolgen? Sie sind Bettler und Taugenichts, sie mögen in einem Krais des deutschen Reichs seyn, in welchem sie wollen. Die Anstalten im Ganzen sollten anders seyn. Man sollte solche Pursche in Arbeitshäuser stecken, wo sie ihr Lebtage nicht mehr herauskämen, und vor allen Dingen dem Strassenbettel steuren. Das ist würklich eine grosse Plage in Ober-Schwaben, die Ursachen

sachen wollte ich errathen; aber Ihnen darf ich solche wohl nicht sagen, sonst habe ich den Proceß förmlich am Halse. Ochsenhausen ist eine berühmte Reichs-Prälatur. Die Gebäude sind schön und kostbar, und die ganze Einrichtung ist von der Art, daß man bey Fremden, die Schönheiten und Merkwürdigkeiten sehen wollen, Ehre davon hat. Die Kirche ist mehr lang, als breit. Ein Kenner in der Baukunst möchte vieles daran zu tadeln wissen; weil ich aber keiner bin, so getraue ich mich nicht, etwas dawider zu sagen. Ich zöge nach meinem Geschmak allemal einen ins Vierek oder in die Rundung gebauten Tempel vor. Doch, ich bin ein Lutheraner, und der grosse Sulzer hat bewiesen, daß die Bauart bey katholischen Kirchen anders seyn müsse, als bey lutherischen. Die Bibliothek ist gar nicht zu verachten. Wenn der gute Ton in der Litteratur, den man bey den HHerrn Patribus seit einiger Zeit zu bemerken anfängt, sich erhält, so wird sie schon auch mehreren und bedeutendern Zuwachs erhalten. Mein Aufenthalt war daselbst sehr kurz. Die HHerrn Patres, die Benediktiner-Ordens sind, erwiesen mir ungemeine Ehre, und ich muß ihnen nachrühmen, daß die Tafel bey ihnen den leckersten Gaumen vergnügen kann. Ich bliebe daselbst über Nacht, weil ich sehr spat ankam, und den folgenden Morgen früh bey Zeit in Schussenried seyn wollte, wohin es doch auch einige Meilen ist. Der Weg dahin ist nicht der angenehmste, beynahe so unangenehm und seltsam, als der Name der Abbtey. Sie ist Prämonstratenser-Ordens, und kann in 6. Jahren ihr Jubelfest halten, da gerade 600. Jahre von ihrer Stiftung an verflossen seyn werden. In diesem Kloster fande ich meine Rechnung vollkommen. Muthen Sie mir nicht zu, Ihnen von den Gebäuden, der Kirche, der Orgel, den Wohnungen der Patrum und andern ausserwesentlichen Dingen vieles vorzusagen. Es ist alles schön, artig, von gutem Geschmak; und wenn es auch nicht so wäre, so würde ich's doch behaupten, weil ich das innere so sehr nach meinem Sinne fand. Das sind Patres! Wahrhaftig, Norbertus, ihr Vater, müßte ihnen Ehrerbietung bezeugen, wenn er von den Todten auferstünde! Sie wissen, was die Bestimmung eines Ordensgeistlichen ist. Ihren Hauptpflichten sind sie vollkommen getreu. Man kann

kann es auch von Personen, die Genie, Gelehrsamkeit und Einsichten haben, nicht anders erwarten. Aber daneben ist ihre Methode zu studiren seit einigen Jahren ausnehmend gut. Sie haben den Plan und das Muster nicht von mehreren ihrer Nachbarn entlehnet — Ihre Bibliothek ist in dem besten Stande, darüber verwunderte ich mich auch nicht, so bald ich das Glück hatte, den Bibliothekar, P. Rief, kennen zu lernen. O wie gar ein anderer Mann ist dieser, als manche Hüter der Bibliotheken! dazu geboren, die Ehre seines Amts, und die Zierde der Bibliothek zu seyn, er hat litterarische Kenntnisse, die er nicht für sich behält, sondern gemeinnüzig zu machen sucht. Tolerant und billig denkend würde er sichs zur Schande rechnen, nur solche Bücher anzuschaffen, die cum permissu Superiorum, mit Erlaubniß der Obern, gedrukt sind: Ich glaube würklich: von dieser Waare verschreibt er weniges, weil er sie grossentheils für sehr entbehrlich hält; und wenn auch einige Bücher von dieser Klasse angeschaft werden, so geschieht es nur Ehren halber, damit man bey andächtigen Reisenden, die etwa nach solchen Dingen fragen, nicht Aergerniß
anrich=

anrichtet, und nicht für einen Freygeist gehalten wird. Man trift sehr viele Schriften hier an, die in andern Klöstern Kontrebande sind. Wir verstunden einander gut, so bald wir nur ein wenig bekannt waren. Ich bezeugte ihm meine verbindlichste Danksagung, daß er so redlich und tapfer das seinige dazu beytrüge, Licht an Orten zu verbreiten, wo vorher Finsterniß und Dunkel geherrscht hatte. Man sollte diesem Herrn eine Ehrensäule mitten in dem Büchersaal aufrichten, sagte ich zu einem der Patrum, dem ich wohl ansahe, daß er ganz mit dem P. Rief sympathisirte. Nein, versezte er, das würde sich der Herr Bibliothekar verbitten: Ich kenne ihn, er würde in der Folge nicht mehr so frey handeln können. Es fehlt ihm, als einem Mann von Verdiensten, nicht an Neidern. Diese muß man bey guter Laune zu erhalten wissen, und ihre Mißgunst nicht reizen, damit man desto eher fortfahren kann, nach seinem Sinne zu handeln. Sie haben Recht, war meine Antwort. Klugheit ist oft oft über Gelehrsamkeit. Man wird bey dieser nicht allemal glücklich seyn, wenn man jene nicht zur Führerin, wenigstens zur Seite hat. Sie gehen doch

auch

auch nach Salem? fiel mir der Bibliothekar ein: ich denke, es soll Sie nicht reuen. Allerdings antwortete ich: wollen Sie mir eine Empfehlung dahin mitgeben, so werden Sie mich Ihnen sehr verbinden. Das bedürfen Sie nicht, sagte der herrliche P. Rief; ich weiß es vorhin, Sie werden ohne diese willkommen seyn.

Ich reißte mit dem vergnügtesten und dankbarsten Herzen von Schussenried ab, und eilte nach Salem, wohin ich freylich einen ziemlich langweiligen Weg hatte. Endlich erreichte ich es nach einigen verdrießlichen Vorfällen, die mir unterwegens begegnet waren, die mir aber in dieser Abbtey reichlich vergütet wurden. Sie heißt eigentlich Salmansweiler, und kann in manchem Betracht den Vorzug vor vielen andern Gotteshäusern mit Recht behaupten. Sie ist Cistercienser-Ordens. Ihr Gebiet ist, wo es an einander hängt, ansehnlich, und liegt am Bodensee. Sie hat aber noch hin und wieder, z. E. mitten im Territorium der Reichsstadt Ueberlingen, nicht weit von der Reichsstadt Buchhorn, und zwischen der Abbtey Heggengenbach, Marchtal und dem Gebiet der Reichsstadt Biberach, ansehnliche Güter und Dörfer, die alle zusammen genommen eine feine Grafschaft vorstellen würden. Ich gönnte ihr noch so viel dazu, und dem Prälaten die fürstliche Würde. Dieser ist immer General-Vicarius des Cistercienser-Ordens in Deutschland, und hat die Oberaufsicht über einige Klöster in Schwaben, Bayern, dem Breisgau und der Schweiß. Er steht unmittelbar unter dem Stuhl zu Rom. Die Kloster-Gebäude sind im höchsten Grade sehenswürdig, z. E. die Stiftskirche, und noch eine andre, in der eine Orgel mit ungeheuer grossen Pfeiffen ist. Man trift daselbst Gärten an, die von ungemeiner Schönheit sind. Ich hielte mich zwar einen ganzen Tag hier auf: die Zeit reichte aber doch nicht zu, alles merkwürdige, worauf man mich voraus begierig gemacht hatte, in Augenschein zu nehmen. Sallmansweier muß eine ganze Woche, und noch länger betrachtet werden, wenn man diesem Gotteshaus Recht widerfahren lassen will. Man hatte mir die Leutseeligkeit des Herrn Reichsabbts, und überhaupt die gute Aufnahme und seltene Gastfreyheit, die ich

da

da finden würde, so angerühmt, daß ich mich voll gutes Muths dahin verfügte, und mich in meiner Erwartung nicht betrogen fand. Der Prälat ist in seinen besten Jahren, und hatte das Glück, noch ehe er 40. erreichte, zum Haupte seines Stifts erhoben zu werden. Ich wüßte nicht, was ihm für Vorzüge fehlten. Er ist seines glänzenden Postens vollkommen würdig. Verwundern Sie sich nicht, wenn ich mit Wärme von ihm spreche. Er besizt wahre Gelehrsamkeit, ist von aller Intoleranz himmelweit entfernt, und denkt überhaupt so billig, daß er für andere ein Muster seyn kann. Daß bey diesen Umständen die Wahl vor 4. Jahren auf ihn fiel, gibt ein gutes Vorurtheil für die Gedenkungsart der Herrn Patrum, die ihm ihre Stimmen gaben. Die Beförderung der Gelehrsamkeit in seinem Gotteshause ist das, woraus er sich sein Hauptgeschäfte macht, und wozu er ein eigenes ansehnliches Kapital ausgesezt hat. Ich weiß also nicht, wo derjenige, der in das deutsche Museum, diese sonst so gründliche und mit Recht beliebte Schrift, ein sehr schiefes und schielendes Urtheil über dieses Kloster eingerückt hat, seine Nachrichten hier haben muß.

Ich

Ich war im hohen Grade unwillig, da ich die Stelle lase, und wenn Sie dieses Stück unter die Augen bekommen, so haben Sie die Güte, sich eines andern von mir belehren zu lassen. Man liebt hier auch die neue Litteratur, und die schöne Wissenschaften: und wer die kostbare Bibliothek nicht bewundert, denen muß nur Unwissenheit oder Neid die Augen verblenden. Was ich noch in keinem Kloster gefunden habe, das ist ein Medaillen- und Mineralien-Kabinet, mit dem ein Fürst prangen dürfte, und dessen Sammlung einen geschmakvollen Kenner verräth.

Der Bibliothek stehet der Herr Pater, Kaspar Oexle, ein sehr gelehrter, einsichtsvoller und würdiger Mann, vor, dessen Wahl allein für den vortreflichen Geschmak und den Eifer des Herrn Reichsprälaten, die Gelehrsamkeit wahrhaftig zu befördern, Bürge seyn kann. Er ist kein Bibliothekar von gemeinem Schlage, der, wie mir einst ein Reisender von einem Vorsteher einer Bibliothek auf einer protestantischen hohen Schule erzählte, zwischen den Bücherschränken stundenweise auf- und abgeht,

abgeht, als ob er den Gesundbrunnen auslaufen müßte, und Monaden fängt. Er lebt in der Litteratur, als in seinem Element, treibt keine Abgötterey mit den Alten, sondern ist aus Einsicht und Erfahrung überzeugt, daß man beyden in ihrem Fach, den Alten und den Neuen, Gerechtigkeit widerfahren lassen muß. Ich habe da die kostbarsten Werke gefunden, und, wie Sie schon von selbst erachten werden, auch von protestantischen Verfassern. Ich erinnerte mich hier an den P. Rief in Schussenried, und fand, daß er Recht gehabt hatte. Solche Herrn, die von Einem Geiste belebet werden, sollten Briefwechsel mit einander unterhalten, wenn es auch die Umstände nicht zulassen, daß sie persönlich zusammen kommen. Da möchte ich dabey seyn, wenn Rief und Oexle ihre gelehrte Anmerkungen einander mittheilen. Auswärts spricht man von solchen Klöstern allerhand, Gutes und Böses. Aber ich versichere Ihnen, das Böse ist größtentheils baare Lügen und Verläumdung. Ein mißvergnügter Reisender streut oft Anekdoten aus, deren er sich schämen müßte, wenn man ihn darüber zu Rede stellen wollte. Oft finden stolze und unbeugsame Gemüther,

F denen

denen man nichts recht thun kann, diejenige Aufnahme nicht, die sie zu verdienen glauben, wenn sie solche schon keineswegs verdienen; und rächen sich dafür durch falsche Auflagen, die ihr boshaftes Herz ohne Mühe ausschüttet. Manchmal sind die Herrn Patres auch ein wenig zurückhaltend, wenn sich Fremde bey ihnen melden lassen. Wer kann sie darum verdenken? Sie sind schon oft für alle Ehre, die sie Reisenden angethan, für alle mögliche Höflichkeit, womit sie sie recht überschüttet haben, mit Undank belohnt worden. Aber, wenn sie Personen vor sich haben, aus deren Miene und ganzem Betragen sie sehen, daß sie ihnen trauen dörfen; da findet man sie als die verbindlichste und gefälligste Männer, denen man gut seyn muß. Die Ausfälle mancher auf die ihrer Meinung nach allzugrosse Reichthümer dieser Abbteyen sind auch oft sehr unüberlegt. Wenn man ein Zeuge davon gewesen ist, wie viel sie auf die Armuth verwenden; welche nahmhafte Summen sie vortreflichste Künstler, Baumeister, Maler, Bildhauer, und andere bey ihren Kirchen, Altären, Orgeln, bey dem Kirchenornate verdienen lassen; wie viel sie auf Bibliotheken verwenden; welchen

chen Aufwand der Besuch der Fremden Jahr aus Jahr ein verursacht, wo man nichts spart, sondern der Ehre einen manchen schönen Thaler aufopfert; so läßt sich die Rechnung leicht machen, daß, der grossen Einnahmen unerachtet, gute Wirthschaft dazu gehört, diß alles zu bestreiten. Räsonnire ich nicht billig, liebster Freund, da ich ein Lutheraner bin? Und viele von Ihrer Kirche würden, wie es die viele Schriften bezeugen, die die Welt seit einem Jahre gesehen hat, mit kaltem Blute zusehen, wenn alle Klöster in Einer Stunde im Rauch aufgiengen. Nein, da seye Gott vor. Lieber alle jene Schriften verbrannt, als das. Und denen in Schwaben, die ich gesehen habe, lasse ich ohnehin nichts geschehen. Sie sollen leben! Besonders — — — doch Sie errathen schon, was ich für meyne, in denen ich so vergnügt gewesen bin. Haben Sie Geduld, im nächsten Briefe mache ich den Beschluß mit noch einigen, und dann werden Sie doch mit mir zufrieden seyn? Ich bin, trunken von dem Angedenken an Salem ꝛc.

F 2   VI. Brief.

VI. Brief.

Man muß durch die Fürstenbergische Lande reisen, wenn man von Salmansweiler nach Weingarten kommen will. Der Weg ist aber nicht allzu anmuthig; und ich würde das Verdrießliche desselben noch weit mehr gefühlt haben, wenn ich mich nicht noch mit dem Angedenken an die erstere Reichsabbtey unterhalten hätte. Warum Weingarten diesen Namen hat, kann ich nicht begreifen. Es sind, so viel mir wenigstens bekannt worden ist, weit und breit in diesen Gegenden keine Weinberge. Und wenn auch hier herum Wein erzielt würde, so glaube ich gewiß, daß er den geistlichen Herren zu Weingarten nicht auf die Tafel kommen dürfte. Das Klima und der Boden können diesem Produkte unmöglich günstig seyn. Das hindert aber nicht, daß man nicht delicate Weine bey diesen Herrn Benediktinern antreffen sollte. Die Abbtey liegt nicht weit von der Reichsstadt Ravens

Ravensburg, an dem Flusse Schuß. Zu ihren historischen Merkwürdigkeiten gehört, daß hier das alte Vaterland der Weiphen, dieser kleinen Könige von Schwaben ist. Diese hatten hier ihre Residenz. Die Gottseeligkeit Irmenstrud, einer Tochter Hildebrands, Herzogs von Schwaben, und Schwester der Hildegard, einer Gemalin Kaisers Karls des Grossen verwandelte sie in ein Gotteshaus, das unter den Reichsprälaturen Schwabens einen ansehnlichen Rang behauptet, und mit fetten Einkünften versehen ist. Wollen Sie noch mehr von solchen Dingen wissen, so schlagen Sie die Weingartensche Chronik, ein lateinisches Buch, auf, in welchem Sie Nachrichten genug finden werden. Bisher habe ich mich enthalten, Ihnen Anmerkungen über Gebäude, Reliquien, und dergleichen mitzutheilen. Dißmal aber kann ich es nicht unterlassen. Die Kirche ist nicht gar alt, aber so prächtig, daß sie, wie mir die Herrn Patres sagten, für eine der schönsten in Deutschland gehalten wird. Ich glaubte ihnen auf ihr Wort, denn ich konnte ihnen mit Ueberzeugung nicht widersprechen. Sie hat würklich ein majestätisches Ansehen: und wer bey Religions-Uebungen die Sinne auch bedacht wissen will, wird sie dieser Absicht sehr gemäß finden. Eine sehr merkwürdige Reliquie zeigt man hier andächtigen katholischen Seelen. (Mir wurde sie nicht vorgewiesen, da man sich meines Glaubens und der gebührenden Ehrerbietung, die man solchen Dingen schuldig seyn soll, nicht so ganz versichert hielt, wie ich wohl merkte.) Etwas von dem Blute, das der Hauptmann Longinus aus der Seite Jesu am Kreuz aufgefangen haben soll. Ich höre, sie halten diese Reliquie für so ächt, daß sie den geringsten Widerspruch darüber nicht ertragen können. Bey mir hätten sie keinen zu besorgen gehabt: ich weiß mich an Ort und Stelle zu bescheiden, und weiß wohl, daß es nicht überall rathsam ist, besonders in solchen Materien, allzu offenherzig mit seiner Meynung herauszugehen. Vielleicht aber wäre mein Rang nicht groß genug, und ich deßhalb nicht fähig gewesen, das heilige Ueberbleibsel zu sehen: gerade wie in Aachen und Nürnberg solche kostbare und verehrungswürdige Dinge nur Personen vom höchsten Stande gezeiget werden. Wenn ich an der Aechtheit der Reliquie selbst auch nicht

zwei

zweifelte, so hätte ich doch noch ein Bedenken wegen des Namens des Häuptmanns. Als einem Officier werden Sie mir es zu gute halten, daß ich mich um diesen kleinen Umstand bekümmere. Ich erinnere mich noch von der Schule her, daß man dieses Wort: Longinus aus einem Mißverstand eines griechischen Worts, das eine Lanze heissen, und wie Longinus lauten soll, herleitet. Die Patres hätten mir ohne Zweifel die Schwierigkeit vollkommen aufgelößt — die Litteratur soll hier in nicht geringer Achtung stehen. Ich merkte aber doch, daß es hie und da Häckchen haben müßte. Man ist den Alten sehr ergeben; so sehr, daß sich die Neuere bitterlich darüber beklagen könnten, wenn sie nicht weislich jedem hierinn seine eigene Meynung und Weise liessen: denn sie wissen wohl, daß eigentlich der Schade nicht auf ihrer, sondern auf der Seite derer ist, die so offenbar parteyisch für die Alte gesinnt sind. Weingarten kennt keine Bücher, auf deren Tittelblättern etwas von Berlin, Leipzig, oder Halle vorkommt. „Nicht wahr, Freund, das sind alte, „ehrliche, rechtschaffen gesinnte Rechtgläubige, „mit denen Sie tausendmal mehr, als mit den „Frey-

„Freydenkern zu S... S.... und K......
„zufrieden seyn werden?" Meinetwegen! Und
ich bin mit denen nicht zufrieden, die so intolerant sind, daß sie glauben, ausser den Gotteshäusern und den Orten, wo man Reliquien verehrt, seye kein gesunder Menschenverstand. Wir
müssen leben und leben lassen. Die Herrn Patres zu Weingarten sind mit aller ihrer Orthodoxe
doch nicht näher bey den Elisäischen Feldern, als
ihre Brüder in andern Klöstern, die freyere Luft
athmen. — Ehedessen war ein Beamter hier,
Namens von Merlet, der in der Diplomatik
sehr stark war. Ich wünschte, daß ich ihn noch
angetroffen hätte. Ich vermuthe doch, daß er
noch mehr Kenntnisse besessen habe, und auch
etwa in andern Wissenschaften zu Hause gewesen
sey. Ob er gestorben, weiß ich nicht. Ist er an
einen andern Ort hin verpflanzt worden, so muß
man ihn nur nicht für ganz rein in seiner Dogmatik gehalten haben, sonst hätte man ihn wohl
beybehalten. Diplomatiker kann man in den
Klöstern brauchen. Es ist oft um alte Urkunden
zu thun, um ein Recht auf diß und jenes Gut
oder Privilegium zu beweisen: da läßt man die
Leute nicht gern aus der Hand, die hierinn Dienste

thun

thun können — Für dißmal nichts weiter von Reichsprälaturen aus Schwaben! Zur Abwechslung muß ich Ihnen etwas von Bayern erzählen. Ich habe in diesem Lande, von dem ich mir, ehe ich es bereißte, die nachtheiligste Begriffe machte, Klöster angetroffen, die denen in Schwaben nichts schenken. Bayern ist überhaupt das Paradies der Mönche. Wenn Oesterreich viele und reiche Klöster hat, so hat Bayern deren noch mehrere und reichere, nach Verhältniß der Grösse beyder Staaten. Die Einkünfte des Fürsten können unmöglich viel dabey gewinnen. Wenn ich auf meiner Reise durch Bayern frug, wem dieses Gut und jener Hof, Mühle, Mayeren, Dorf, u. dgl. gehöre, so hieß es: dem Kloster ———————— Haben denn die Klöster gar alles, dachte ich. Was ich weiter dachte, sage ich Ihnen nicht. Aber das werden Sie mit Dank von mir annehmen, wenn ich die Ehre habe, Sie zu versichern, daß der Besuch im ersten Kloster in Bayern, das ich betrat, alle die nasweise Einfälle, die ich über die Menge der Klöster bey mir selbst hatte, auf einmal wieder verdrungen hat. Ich kam nach Pollingen, das eine Probstey der regulirten Chorherrn Augustiguſtiner-Ordens iſt, nicht weit von der Stadt Weilheim in Ober-Bayern liegt, und ein hohes Alterthum hat, denn ſie iſt ſchon im achten Jahrhundert geſtiftet worden. Die Fama übertreibt ſonſt vieles. Hier aber hat ſie die Wahrheit geſagt. Ja ich fand noch mehr, als ich erwartet hatte, da mich meine Neugierde ſehr viel erwarten hieß. Wahrhaftig ein herrliches Kloſter, deſſen Angedenken ich in meinem Leben ſeegnen werde. Die Bewohner deſſelben prieſe ich bey dem erſten Eintritt an glücklich, da mir alles, was mir vorkam, die Gewähr dafür leiſtete, daß man hier an nichts Mangel habe, was immer zu einem vergnügten Leben erfordert wird. Diß Gotteshaus iſt ein wahrer Muſenſiz. Apoll wandelt hier beynahe ſichtbar in der Perſon des Prälaten. Sezen Sie, um ein Bild von dieſem würdigen Mann zu entwerfen, in dem alle Züge kennbar ausgedrückt ſind, alles lobens-und ruhmwürdige zuſammen, ſo haben Sie den Abbt von Pollingen. Sein äuſſerliches ſchon läßt diejenige, die ſich ihm nähern, etwas groſſes erwarten. Seine Gelehrſamkeit iſt nicht gemein: nicht nach dem Geſchmak der Jahrhunderte, in denen es Zauberey und Gottesteslästerung war, nicht mit dem gemeinen Haufen zu denken, sondern der Wahrheit und Gründlichkeit in den Wissenschaften mit unerschrockenem Muth und unaufhaltbaren Eifer nachzugehen. Er ist überzeugt, daß auch in solchen Schriften, vor denen man an gewissen Orten das Kreuz macht, etwas gutes sey; und so billig, daß er nicht glaubt, alles was nicht im Kanonischen Recht, den Verordnungen der Concilien, und in ähnlichen Büchern stehe, seye gerade des Anathema würdig. Er ist deswegen kein Hicterodoxe und Kezer, sondern der Lehre seiner Kirche mit Mund und Herzen zugethan: aber er behauptet, daß Billigkeit und Toleranz sehr gut damit zu vereinbaren seye. Männer von solchen Gesinnungen, von solchem Herzen, sollte man auf eine Kirchenversammlung zusammen berufen — Freund, das ist eine Bibliothek, die ich da gesehen habe! Sie übertrift, ohne andere auf dieser ihre Unkosten herabzusezen, alles, was man in diesem Fach in andern Klöstern findet. Vollständigkeit, Auswahl, Kostbarkeit, Ordnung, Bequemlichkeit, alles ist hier vereiniget. So vorzüglich lange gegen andere Klöster ich mich hier aufhielt, da ich erst nach Verfluß von

dreyen

dreyen Tagen wieder abreißte, so wenig konnte ich doch zu meinem wahren Bedauren mich satt darinn umsehen. Ich faßte bey meiner Abreise den Entschluß, jedoch, ohne mich etwas davon gegen dem Prälaten oder den Patribus merken zu lassen, dieses Kloster noch einmal zu besuchen, um das nachzuholen, was ich dißmal hatte versäumen müssen. Auf alle Fragen, die ich mit dem offensten Herzen, da ich sahe, mit was für Personen ich es zu thun hatte, in Absicht auf diß und jenes Buch, that, erhielt ich den leutseeligsten und gründlichsten Bescheid — Täglich werden neue Bücher angeschafft, ohne sich durch den hohen Werth, den sie manchmal haben, abschrecken zu lassen. „Wenn man am rechten „Orte spart," sagte einer von den Herrn, die um mich waren, da ich ihnen meine Verwunderung über die grosse Anzahl treflicher und kostbarer Bücher bezeugte, „so wird immer Rath zu dieser „Ausgabe." Der Herr Abbt hat den Grundsaz: daß sich die Ausgaben in andern Artikeln nach dieser; und nicht diese nach jenen richten müssen. So kann freylich etwas herauskommen! Ich wünschte hie und da den Herren Prälaten ähnliche Gesinnungen. Denn das fiel mir immer hart auf, Bibliotheken und Litteratur in den Klöstern zu Nebensachen herab gewürdigt, und hingegen andere Dinge, die wahrlich sehr entbehrlich seyn mögen, zum Rang der Hauptsachen erhoben zu sehen. – Ausser dem unvergleichlichen Bücher-Vorrath ist hier auch ein **Naturalien-Kabinet**, und eine beträchtliche Sammlung von **mathematischen Instrumenten**. Man hätte die Gütigkeit, mich alles sehen zu lassen, und ich merkte wohl, daß es nicht Praleren, sondern Freundschaft und Begierde war, einen Reisenden an dem, woran sie so viel Vergnügen fanden, auch Theil nehmen zu lassen. Ich sehe, sagte ich, meine Herrn, daß man das kanonische Recht auch in Ihrer Kirche milde zu erklären weißt. Sie lassen sich den Titel, der darinnen vorkommt: von **Hexen, Zauberern, und Mathematikern**, nicht anfechten. Sie lächelten darüber und gaben mir einen kleinen Verweis, der ihnen aber gewiß nicht von Herzen gieng. Zum Glück für die neuere Zeiten gibt es in unsern Tagen weniger Zauberer und Hexen, und desto mehrere Meßkünstler, und die Anzahl jener nimmt noch gerade desto mehr ab, je mehr diese zunehmen. In Gegenden, wo Philosophie und Mathematik

tik und andere Wissenschaften, die mit diesen in
näherer Verbindung stehen, im Ansehen sind,
machte Gaßner ehmal wenige Progressen. Ich
fand hie und da in Schwaben, wo ich durch:
reißte, noch Spuren von seinem Daseyn. Sie
verlieren sich aber nach und nach. Der Mann
starb zu rechter Zeit, sonst würde man noch
wunderbare Auftritte gesehen haben — Nun
Pollingen, Freund, diesem allein zu lieb
sollten Sie ungesäumt eine Reise aus West:
phalen nach Bayern machen. Sie haben es
doch nicht gesehen. Ich reißte voller Vergnü:
gen aus diesem Kloster ab, und wünschte den
Patribus Glück, daß sie unter dem Hirtenstabe
eines in aller Rücksicht so vortreflichen und ver:
dienstvollen Prälaten stehen dürften. — We:
stobrunn wollte ich, da ich einmal in der Ge:
gend war, nicht vorbeygehen. Es ist eine Be:
nediktiner=Abbtey, der Stifter muß viel auf
dicke Waldungen gehalten haben, mit denen sie
von allen Seiten umgeben ist. Sie ist sehr alt,
und rührt aus dem achten Jahrhundert her.
Das Auge findet hier viel merkwürdiges. So
uralt die Kirche ist, so sehr gefiel sie mir, da sie
von innen mit regelmäßigen Schönheiten beson:
ders,

ders, was Stuccatur-Arbeit betrift, prangt. Sie hat, wie alle beträchtliche Kirchen in der katholischen Christenheit, mehrere Altäre, an denen Vergoldungen und Meisterstücke von Bildhauer-Arbeit reichlich angebracht sind. Doch fällt der Hochaltar vor allen ins Gesicht. Er ist von ausnehmender Höhe, und vortreflicher Arbeit. Diese Kirche kann sich eines in derselbigen geschehenen grossen Wunderwerks rühmen, indem einer von den längst verstorbenen Aebbten von einem Krucifix, das mitten in der Kirche steht, durch seinen grossen Glauben und inbrünstiges Gebet zuwege gebracht haben soll, daß er Wasser in Wein verwandeln könnte. Noch wird davon in einem Glase gezeigt, und den frommen Seelen, die hieher zu diesem Krucifix kommen, davon zu kosten gegeben. Weil meine Reise keine Wallfarth war, so bekam ich den Wunderwein nicht zu versuchen. Der Gedanke gefällt mir doch noch besser, als wenn man von dem Wein, den der Erlöser zu Cana in Galiläa bey der bekannten Hochzeit zur Beruhigung seiner Mutter, und zum Besten der angehenden Eheleute aus Wasser hervorgebracht hatte, zu haben vorgäbe. Der Glaube muß

sich

sich zwar in einem Fall, wie in dem andern,
Gewalt anthun: doch wird er sich die Anmu-
thungen, die ihm dißfalls zu Westobrunn
geschehen, weniger sauer werden lassen, als
wenn er zugleich den Transport des Weins von
Galilea nach Bayern, unversehrt und wohl-
behalten, mit in die Rechnung nehmen müßte —
Halten Sie nicht für atheistisch, was ich hier
sage. Es ist eine kleine Rache, dafür, daß
man mir nicht auch ein paar Tropfen von dem
Wunderwein zu trinken gab — So orthodox
man aber in Ansehung des metamorphosirten
Wassers, mit mir hier verfuhr, so sehr muß
ich die gütige Aufnahme, die ich fand, rühmen. Die Tafel war nach meinem Geschmak —
Sie wissen, daß ich leckerhaft, und nicht mit
jeder Küche zufrieden bin. Man weiß hier zu
leben, und ein Fremder, dessen Magen nicht
verdorben ist, wird den Maitre d'Hotel in Westobrunn in rühmlichem Andenken behalten.
Sonst war mir in Ansehung des innern und
hauptsächlich des gelehrten Zustandes in diesem
Kloster der Absprung von andern auf dasselbige
ein wenig auffallend. Die Bewohner desselben müssen in Absicht auf Gedenkungsart,

Lit-

litteratur, Bibliotheken, u. s. w. eigene Ideen haben. Das seye ferne, daß ich dißfalls gar nichts meinen Wünschen gemässes angetroffen hätte. Ich lernte den P. Hipper kennen, einen Gelehrten, mit dem mir die Unterhaltung höchst angenehm und lehrreich war, und mit dem ich mich, wenn es meine Umstände zugelassen hätten, gerne noch weit länger würde besprochen haben. Er mag ein Salz unter den andern Patribus seyn. Wir schieden ungerne von einander, und ich mußte ihm bey Seite versprechen, daß ich einen gelehrten Briefwechsel mit ihm unterhalten wollte. Sie werden mir nicht oft schreiben dürfen, sagte er; es ist ein wenig weit von hier nach Ihrem Vaterlande. Gleich gestimmte Gemüther sind sich immer nahe, antwortete ich, das Postgeld soll mich nicht dauren, und wenn ich alle 14. Tage Ihnen antworten müßte. Schenken Sie mir Ihr geneigtes Angedenken, und beweisen es durch fleißige Zuschriften —

Nehmen Sie vorlieb, liebster Freund, mit meinen Bemerkungen, die ich hier schliesse. Haben Sie etwas feineres und unterhaltenderes erwar=

erwartet, so vergeben Sie mir, daß ich S
ein wenig getäuscht habe. Es war Jhne
doch eigentlich darum zu thun, daß ich m
dem, was ich in den Klöstern in Schwabe
und Bayern antreffen würde, vergnügt sey
sollte. Und diesen Endzweck haben Sie erreich
das versichere ich ohne Schmeicheley. Ich bi
von ganzem Herzen ꝛc.

E n d e.